외식서비스실무

하진영 · 오선영

머리말

우리나라에서 외식이란 단지 먹고 마시는 것으로 끝나는 행위에 그치지 않고, 곧 놀이이며, 여가의 의미를 가지고 있다. 이것은 유난히 침략과 약탈이 많았던 역사 속에서도 음식을 해 먹고, 나눠 먹는 일에는 인색하지 않고 놀이문화로 여겨왔던 것을 보면 잘 알 수 있다. 또한 사계절이라는 계절적 영향과 유교와 불교의 영향 등 우리 삶에 밀접한 영향을 주는 요소들이 음식문화를 발달하게 만들었다. 다양한 음식문화 속에서 우리에게 외식산업이란 단지 음식을 판매하기만 하는 것은 아니다.

이런 외식산업이 불과 30년이 채 되지 않은 요즘에는 일국의 경제에서 차지하는 비중과 역할이 엄청나게 커지는 결과를 만들어냈다. 하지만 급속한 성장 이면에는 부작용도 나타났다. 세계적으로도 이례적일 만큼 빠른 메뉴 사이클의 변화라든지, 인구 대비 너무나 많은 식당의 수, 환경이나 도시계획을 염두에 두지 않은 허술한 제도 등 여러 가지 문제점을 양산해 내기도 하였다.

그리고 무엇보다 양적인 팽창이 주(主)가 되다 보니 질적인 부분의 균형적 팽창이 동반되지 못했다. 수도권지역의 대형업소나 체인업체를 제외하고는 대부분의 외식업소의 서비스가 아직도 많이 미흡하다. 올림픽과 월드컵 등 국제적인 행사를 치러내면서도 역시 서비스의 부재는 두드러졌다.

다른 산업도 마찬가지로 외식산업도 유형적 상품인 메뉴의 가치도 중요하지만, 그 이외에 무형적 상품인 서비스의 질이 사업의 성패를 가름하기도 한다. 외식산업은 좋은 메뉴에 서비스상품에 대한 확실한 차별화가 뒤따라야 성공할 수 있다. 그렇기 때문에 다른 어떤 산업보다도 외식산업의 경영이 어려운 것이다.

대형업체들은 각기 그들의 실정에 맞는 매뉴얼 작업을 하여, 그들만의 서비스를 만들고 지켜나가고 있다. 하지만 아직도 영세하거나, 이제 외식업을 시작하려고 하는 많은 사람들은 이런 세세한 부분의 서비스에는 크게 신경을 쓰지 못하고 있는 실정이다. 또한 여건상 대부분의 관련 학과에서 실제적인 교육 및 서비스 훈련을 제대로 받고 사회에 나갈 수 있는 실정이 아니다. 그러기에 본서는 이런 실제적인 모습을 내용으로 담아 조금이나마 현장과 가깝게 느낄수 있도록 준비하였다.

본서는 총 12장으로 구성되어 있다. 제1장에서는 외식산업의 이해, 제2장에서는 메뉴관리, 제3장에서는 식음료 마케팅, 제4장에서는 식음료의 기본 서비스 실무, 제5장에서는 고객MOT별 응대 서비스, 제6장에서는 식당용 집기 비품, 제7장에서는 영업준비, 제8장에서는 양식서비스 Key Point, 제9장에서는 한식 서비스 Key Point, 제10장에서는 일식서비스 Key Point, 제11장에서는 중식서비스 Key Point, 제12장에서는 연회서비스 Key Point에 대하여 설명하였다.

가급적 일반적인 식당에서도 식음료 서비스를 쉽게 배우고 익힐 수 있도록 사진자료를 많이 이용하였다. 양식이나 한식에 치우치지 않고 대부분의 서비스 형태를 다루려고 시도하였으나 조금 아쉬움이 많이 남는 작업이기도 하였다.

모쪼록 알차고 유용한 외식서비스 교재로 이용되었으면 하는 바람을 가져보며, 미흡하지만 다시 외식서비스실무를 쓸 수 있게 도와주신 외식업체 관계자분들과 같이 참여해주신 선생님들께 진심으로 감사드린다. 끝으로 이제 시작하는 책으로 봐주시고 새로이 한 권 한 권 거듭날 때마다 발전하는 책을 보여드릴 것을 독자들께 약속드리며 마무리 하고 싶다.

2008년 3월

저자 일동

C.O.N.T.E.N.T.S

목 차

제8장 양식서비스 Key Point

제9장 한식 서비스 Key Point

제1장 외식산업의 이해

제1절 외식산업의 개요

1. 외식산업의 개념

외식外食이라 함은 밖에서 음식을 먹는 것으로 가정의 식생활을 기준으로 구분한다. 즉 가정 내의 식생활을 내식內食이라 하고, 가정 외의 식생활을 외식外食이라 한다.

종래의 외식산업에 있어서 외식에 대한 개념은 가정 외의 식생활을 그 범위로 하였다. 완제품 음식, 출장연회, 도시락 판매 등 다양한 소비형태의 발전으로 가정 내의 식생활에서도 외식의 개념이 자리 잡게 됨에 따라 현대적 의미의 외식이란 가정 외 식생활과 가정 내 외식적 내식까지 포함하는 개념으로 규정한다.

일반적으로 외식산업은 가정 이외의 장소에서 요리나 음료수를 제공하고 그 대가를 받는 것과 이를 영업으로 하는 것을 지칭하며 식사와 음료, 거기에 부수되는 인적 서비스, 연출되는 분위기 등의 세 가지 상품내용을 본질로 하고 있다.

미국의 NRA(National Restaurant Association : 미국레스토랑협회)에서는 외식산업을 '가정 밖에서 음식을 준비하여 제공하는 업'이라고 정의하고 있다. 미국에서는 외식산업이라는 용어가 1950년대 공업화 단계에 진입하면서 Foodservice Industry 또는 Dining-out Industry로 칭하기 시작했다. 일본에서는 1970년대 이후 '마스코미'지가 외식산업으로 번역하여 사용하기 시작했으며, 1978년에는 일본정부의 공식문서인 '경제백서'에 이 용어가 정식으로 포함되었다.

우리나라에서 외식산업이란 말이 사용된 것은 1980년대 접어들면서 외식업이 사회 · 경제적으로 비중이 점차 증대하면서 시작되었다. 이는 소비자 입장에서 외식 기회의 증대와 외식에 대한 사회적 개념의 변천에 따른 현상으로 볼 수 있다.

외식산업이란 가정 외에서의 식사와 이에 수반되는 서비스를 제공하는 업종을 총칭하는 것이다. 운영방식 및 시스템 측면에서 보면 식품 또는 원 · 부자재를 중앙공급식에 의하여 공급받아 신속하고 저렴한 가격으로 음식을 제공하고 셀프서비스 등의 도입으로 운영의 간소화를 기하며, 메뉴의 통일과 대규모의 체인 전개 등을 특징으로 하는 식품서비스산업을 의미한다. 이에는 패밀리 레스토랑, 패스트푸드, 일반식당 등이 포함되며, 보다 넓은 개념으로는 회사나 학교 등의 단체급식업소, 도시락 제조업체 등을 포함하기도 한다.

외식산업은 단순히 음식을 만들어 소비자에게 제공하는 산업일 뿐만 아니라 그 외에도 인적 서비스나 분위기, 식사와 관련된 모든 편익과 관계된 상품을 판매하는 복합적인 산업이다. 외식산업은 크게 인적 서비스의 의존도가 높은 노동집약성, 시간적 제약성, 낮은 자재원가, 식자재의 부패 용이성, 입지의존성 등의 특성을 가지고 있다. 외식산업은 고객의 기호가 강하게 영향을 미치는 산업이므로 고객지향적 관점에서 운영방침을 설정하는 것이 중요하다.

현대사회는 식생활의 글로벌화 추세, 식생활의 가공식품화, 외식 기회의 증가 등으로 인해 외식에 대한 새로운 개념이 형성되고, 외식산업도 나날이 성장 · 발전하고 있다. 특히, 신세대층이 소비수요를 주도하고 가족중심의 생활패턴이 자리 잡으면서 패밀리 레스토랑, 피자 · 햄버거 등 외래음식을 취급하는 체인 브랜드들이 급성장하고 있는 추세이다

2. 외식산업의 특성

최근 외식산업은 전체적인 시장규모가 확대됨에 따라 단순히 식사를 제공하는 역할을 넘어 서비스의 제공은 물론 분위기의 연출 및 고객가치의 창출 등을 상품으로 제공하는 개념으로 발전하였으며, 제조업과 서비스업을 동시에 추구하는 복합산업으로 성장하였다. 이러한 외식산업은 제조업인 동시에 서비스산업이며 인간의 기본 욕구를 다루는 복합산업으로서 다음과 같은 특성을 지니고 있다.

1) 노동집약적 · 인적 산업

제조업은 자본집약적이며 장치산업화 및 기계 등으로 인한 형태를 띠고 있는 데 반해, 외식산업은 노동집약 · 기술집약 등이 모두 필요하며 노동의 형태는 단순노동에 의존한다. 외식산업은 소비자와 고용인 · 경영자의 인간관계 및 인간 커뮤니케이션이 중요한 요인으로 작용하는 인적 산업이다. 즉 제공되는 음식과 서비스를 매개로 소비자와 생산자가 직접 만나며, 생산 측면에서도 사용자와 고용인 사이의 인간관계가 매우 중요한 성격을 지니고 있다. 또한 외식산업은 타 산업에 비하여 생산부문 자동화의 한계와 서비스 부분의 인적자원 의존성으로 인하여 노동집약적 특성을 지니고 있다. 따라서 1인당 매출액이 다른 제조업에 비하여 낮은 편이며, 사람의 손에 의존하는 부분이 많아 인건비가 차지하는 비율이 높다.

2) 생산 및 유통상의 특성

외식산업은 다품종 소량의 주문판매라는 특성을 지니고 있다. 한두 가지의 메뉴만 취급하는 전문점도 있지만, 대부분은 여러 종류의 음식을 주문에 의하여 그때그때 생산하여 판매하므로 생산구성 측면에서 다품목의 소량판매 및 제품구색을 위한 많은 메뉴 구성이 필요하다. 제조업은 생산과 판매가 분리되어 있고 제품을 생산한 후 일정한 유통경로를 통해 고객에게 판매하는 데 비해, 외식산업은 생산과 판매가 동시에 이루어지는 특성을 갖고 있다. 즉 유통경로가 없이 상품의 구매를 위해 고객이 직접 방문하여 소비해야 하는 것이다. 최근에는 배달서비스가 추가되어서 약간 변형되긴 했지만 제조업의 특성과는 현저하게 차이가 난다

3) 낮은 식자재 원가 및 식자재의 부패 용이성

외식산업의 식자재 원가는 타 산업의 자재 원가에 비해 비교적 낮은 편으로 통상 식자재비는 매출액의 30～35%를 차지하고 있다. 그러나 이는 원자재의 경우에만 해당되어 인건비 등을 포함하면 전체 원가의 차이는 거의 없다고 할 수 있다. 한편 외식산업의 식자재는 어느 정도 보존이 가능하나 판매를 위하여 준비하여 놓은 식자재는 보존기간이 짧아 장기간 재고로 보관하는 것은 불가능하다.

4) 입지 의존성

제조업의 경우 입지 의존도는 중요하지 않은 반면 외식산업은 소비가 이루어지는 장소, 즉 소비자들을 유치하는 공간의 위치가 매우 중요하다. 입지조건에 따라 영업 실적에 큰 차이가 난다. 외식산업에서 입지는 그 업태 및 소비계층에 따라 다소 차이가 있지만, 주로 번화하고 쉽게 이용할 수 있는 입지가 필요하다.

5) 시간적 제약과 수요예측의 불확실성

외식산업은 시간과 공간의 제약을 크게 받는다. 외식업소에서 영업할 수 있는 시간은 아침, 점심, 저녁시간으로 한정된 시간 내에서 대부분의 매출이 발생한다. 따라서 적절한 인력관리와 비어 있는 시간 및 공간의 활용 등에 운영의 어려움이 있다. 또한 사회 · 경제적 변동뿐만 아니라 각종 행사, 계절, 일기 등의 변화로 인해 정확하게 고객의 수를 예측하거나, 식자재의 적정 구입량을 결정하기 어렵다. 따라서 효율적인 인력관리 및 공간관리와 규모의 경제 등 체계적인 관리가 필수적이다.

6) 체인화의 용이성

체인화란 본부에서 식품구매, 경영 노하우, 음식의 생산방법, 서비스 등을 표준화하여 운영방침을 개발한 후 가맹점을 모집하여 제품의 판매권을 부여하고 표준시설을 설비해주는 시스템을 말한다. 따라서 외식산업은 자기업소 경영을 통한 경험과 노하우를 바탕으로 체인망 구축이나 관련 산업으로의 진출로 연계될 수 있는 산업이다. 따라서 고도의 숙련도와 운영기법을 가지고 동종 또는 이종 사업 간의 사업다양화 및 경영다각화가 용이한 산업이다.

제2절 식당의 분류

1. 명칭에 의한 분류

1) 레스토랑 Restaurant

■ 레스토랑

일반적으로 식당의 의미로 쓰이고 있으며 테이블과 좌석을 마련해 놓고 고객의 주문에 의하여 접객원이 음식을 제공하고 고급 요리와 정중한 서비스를 제공하는 식당이다.

■ 커피숍

2) 커피숍 Coffee Shop

고객 출입이 많은 장소에 위치하여 주로 커피나 음료를 판매하면서 간단한 식사도 제공하는 식당이다.

■ 카페테리아

3) 카페테리아 Cafeteria

음식물이 준비되어 있는 진열대에서 고객이 음식을 직접 선택하여 카운터에서 요금을 지불하고, 손님 자신이 직접 가져다 먹는 셀프서비스self service 형식의 간이식당을 말한다.

■ 다이닝룸

4) 다이닝룸 Dining Room

주로 정식Table d' hote을 제공하는 호텔의 주식당으로, 주로 점심과 저녁식사를 제공한다. 그러나 최근에는 이 명칭은 사용되지 않고 고유의 명칭을 붙인 전문요리 레스토랑과 그릴Grill로 형태가 바뀌었으며, 정식뿐만 아니라 일품요리A La Carte도 제공된다.

5) 그릴 Grill

일품요리A la Carte를 주로 제공하며, 수익을 증진시키고 고객의 기호와 편의를 도모하기 위해 그날의 특별요리Daily Special Menu를 제공하기도 한다. 아침, 점심, 저녁식사가 계속해서 제공된다.

■ 그릴

■ 뷔페식당

6) 뷔페식당 Buffet Restaurant

준비해 놓은 요리에서 기호에 맞는 요리를 선택하여 균일한 요금을 지불하고 마음껏 먹을 수 있는 셀프서비스 식당이다.

7) 런치카운터 Lunch Counter

음식의 조리과정을 직접 볼 수

■ 런치카운터

있도록 카운터 테이블에 앉아서 조리사에게 직접 주문하고 식사를 제공받는 식당이다. 고객은 직접 조리과정을 지켜볼 수 있기 때문에 기다리는 시간의 지루함을 덜 수 있고, 식욕을 촉진시킬 수 있다.

■ 리프레시먼트 스탠드

8) 리프레시먼트 스탠드 Refreshment Stand

간편한 간이음식을 만들어 진열장에 미리 진열해 놓고, 바쁜 고객들로 하여금 즉석에서 구매해 먹을 수 있도록 한 식당이다.

9) 드라이브 인 Drive-in

도로변에 위치하여 자동차를 이용하는 고객들을 상대로 음식을 판매하는 식당이다. 이 식당은 넓은 주차장을 갖추고 있다.

■ 드라이브 인

10) 다이닝 카 Dining Car

다이닝카는 기차를 이용하는 여행객들을 위하여 식당차를 여객차와 연결하여 그곳에서 음식을 판매하는 레스토랑을 말한다.

■ 다이닝 카

11) 스낵 바 Snack Bar

■ 스낵 바

호텔의 피트니스센터 Fitness Center, 공항, 회사, 학교 등에서 가벼운 식사를 제공하는 간이식당이다.

■ 백화점 식당

12) 백화점 식당 Department Store Restaurant

백화점을 이용하는 고객들이 쇼핑 도중 간이식사를 할 수 있도록 백화점 내에 위치한 식당이다.

■ 인더스트리얼 레스토랑

13) 인더스트리얼 레스토랑 Industrial Restaurant

회사나 공장 등의 구내식당으로, 비영리 목적의 식당이다. 학교, 병원, 군대의 급식식당 등이 이에 속한다.

2. 서비스 형식에 의한 분류

1) 테이블 서비스 식당 Table Service Restaurant

일정한 장소에 식탁과 의자를 갖추고 고객의 주문에 따라 음식을 제공하는 식당으로 그릴, 커피숍 등이 있다.

테이블 서비스 식당 중에서도 서비스의 형식type of service에 따라서 다음과 같은 형식으로 분류된다.

(1) 플래터 서비스 Platter Service

플래터 서비스의 형식은 주방에서 조리된 요리를 큰 플래터에 담아 고객에게 보여준 후 고객의 접시에 음식을 제공하는 방식이다. 이 형식의 서비스는 독일과 미국에서는 러시안 서비스Russian Service라고도 불리며 고급 식당에서 많이 이용되는 형식이다.

■ 플래터 서비스

(2) 플레이트 서비스 Plate Service

일반적으로 이루어지는 서비스 형태로서 모든 음식을 주방에서 개별 접시plate에 담아 접시째 운반하여 서브하는 형식이다. 처음부터 끝까지 접시째 제공되기 때문에 서비스 중에서 가장 신속하고 능률적이다. 아메리칸 서비스American Service라고도 하는데, 프렌치 서비스나 러시안 서비스보다 화려하지는 않지만 종사원 한 사람이 동시에 많은 고객을 담당할 수 있으므로 고급 식당보다는 고객 회전이 빠른 식당에 적합하다.

■ 플레이트 서비스

(3) 카트 서비스 Cart Service

프렌치 서비스French Service라고도 불리는 이 서비스 형식은 시간과 여유가 있고 유럽의 전통적인 우아한 서비스를 즐기는 미식가들과 귀족적인 서비스를 원하는 고객에게 적합한 방식으로 음식이 완전히 조리가 끝나지 않은 상태에서 식당홀로 운반되어 고객의 식탁 앞에 위치한 카트(혹은 게리동) 위에서 셰프드랑 혹은 꼬미드랑에 의해 요리를 완성하여 제공하는 형식이다. 이때 셰프드랑은 꼬미드랑과 한 팀을 이루는데, 셰프드랑이 카트 위에서 조리를 완성하고 접시에 배식하면, 꼬미드랑이 고객에게 제공한다.

■ 카트 서비스

2) 카운터 서비스 식당

식당의 주방을 개방open kitchen하여 손님이 조리과정을 직접 볼 수 있게 하고, 주방 앞의 카운터를 테이블로 하여 음식을 제공하는 식당을 말한다. 이러한 식당은 종업원의 서비스가 그리 필요하지 않으

■ 카운터 서비스 식당

며 고객이 보는 앞에서 요리를 만들어 제공하기 때문에 테이블 서비스 식당보다 신속하고 좀 더 위생적이다.

3) 셀프서비스 식당 Self-Service Restaurant

■ 셀프서비스 식당

종사원의 서비스 없이 고객이 직접 기호에 따라 메뉴를 선택하여 가져다가 식사하는 방법이다. 셀프서비스 식당의 장점을 고객과 경영자 측면으로 구분해 보면 다음과 같다.

고객 측면에서의 장점	경영자 측면에서의 장점
• 차려진 메뉴 중에서 기호에 맞는 음식을 선택하여 양껏 먹을 수 있다. • 신속하게 식사를 할 수 있다.	• 인건비가 적게 든다. • 테이블 회전이 빠르다. • 메뉴의 수가 정해져 있으므로 원가가 절감된다.

4) 급식 식당

■ 급식식당

비영리적이며 셀프서비스 형식의 식당이다.

회사의 구내식당, 학교의 기숙사, 병원의 구내식당 등이 있다.

메뉴가 일정하게 정해져 있기 때문에, 자신의 기호에 맞는 음식을 선택할 수 없는 단점이 있다.

5) 자동판매식당

자동판매기 Vending Machine에 의해 음식이 판매되는 식당이다.

대형휴게소나 유원지 등에서 많이 사용되고 있다.

최근 인건비의 급증으로 인하여 자동판매기의 인기가 높아가고 있다.

3. 제공메뉴(요리)에 따른 분류

1) 양식당 Western Style Restaurant

(1) 이태리 식당 Italian Restaurant

우리나라와 마찬가지로 이태리도 반도국가이다. 국토에 산이 많아서 대부분 목축지로 적합하며 쌀, 보리, 밀, 옥수수 등이 주로 생산된다. 이 나라는 북부와 남부로 나누어서 요리를 구별할 수 있다. 특히 남부지방에서 생산되는 경질의 밀은 파스타pasta의 좋은 원료로 사용되며 옥수수를 이용한 포렌타polenta와 쌀을 이용한 리조또Lisotto는 북부지방의 대표적인 요리이다.

14세기 초 마르코폴로가 중국 원나라에서 배워온 면류가 고유한 스파게티Spaghetti와 마카로니Macaroni로 정착하여 이태리요리의 원조가 된 것이다. 이태리에서는 이 면류를 총칭하여 파스타Pasta라 하여 수프Soup 대신으로 식사 전에 먹었다.

(2) 프랑스 식당 French Restaurant

세계 3대 요리 중 하나로 알려진 프랑스요리도 16세기 초까지는 다른 나라의 요리와 별 차이가 없었다. 1550년 'chatherine de Medici'라는 이태리 메디치가家의 공주가 프랑스 앙리2세에게 시집오게 되는데, 그때 궁중요리사들을 데리고 왔다. 그 결과 이태리 요리기술이 프랑스 요리사에게 전파되었다. 그 후 프랑스요리는 그들의 뛰어난 예술적 감각과 풍부하고 질 좋은 포도주와 식재료를 바탕으로 더욱 발전 계승되어 17세기 말에 이르러서는 세계에 널리 알려지게 되었다.

프랑스요리의 특징은 다른 나라의 요리에 비해 뛰어난 소스Sauce를 들 수 있다. 이들 소스는 다양한 와인wine과 리큐어liqueur등을 사용하여 헤아릴 수 없을 정도로 많은 종류가 있다.

(3) 미국 식당 American Restaurant

재료로서 빵과 곡물, 고기와 계란, 낙농식품, 과일 및 야채 등을 이용하고 식사는 간소한 메뉴와 경제적인 재료 및 영양 위주의 식생활이 특징이다.

스테이크Steak, 햄버거Hamburger, 바비큐Barbecue 등을 들 수 있다.

(4) 스페인 식당Spanish Restaurant

스페인은 주위가 바다로 둘러싸여 해산물이 풍부하므로 생선요리가 유명하다. 또한 스페인요리는 올리브Olive 유, 포도주, 마늘, 파프리카Paprika, 샤프란Saffron 등의 향신료를 많이 쓰는 것이 특색이다.

2) 중식당Chinese Restaurant

중국요리는 광활한 영토에서 산출되는 다양한 재료를 이용하여 지방마다 독특한 지방색을 표현하면서 발달된 요리의 총칭으로 일명 '청요리'라고 한다.

서양요리나 일본요리가 색채 배합을 중요시하는 반면에, 중국요리는 미각에 초점을 두고 오미(五味)의 절묘한 배합을 특징으로 함으로써 중국요리를 세계적인 요리로 발전시켰다. 북경요리, 산동요리, 사천요리 등이 있으며 가금류, 야생조류, 생선, 야채, 콩류, 계란 등 모든 재료가 동원되어 음식 맛과 질의 다양함에 있어서 세계 제일이다.

3) 일식당Japanese Restaurant

일본요리는 바다에서 생산되는 해산물을 이용한 요리가 특히 발달했으며 시각의 요리로 불릴 정도로 모양과 색채를 중요시한다.

일본요리는 쌀이 주식으로, 농산물과 해산물이 부식으로 형성되어 있다. 일반적으로 맛이 담백하고 색깔 · 향기 · 맛을 생명으로 조미료를 가미하는 것이 일본요리의 특색이다. 다도의 전통과 생선요리, 초밥, 튀김요리, 스키야키(일본 전골) 등의 생선요리가 200여 가지를 넘고 있다.

4) 한식당Korean Restaurant

우리나라의 요리는 무엇보다도 옛 왕정에서의 궁중요리를 비롯하여 불고기, 신선로,

김치 및 전골요리 등을 들 수 있다. 표준식단의 개발에 있어서 양식요리에 비해 어려움이 많아 다양한 요리가 제공되지 못하고 있는 실정이나, 최근에는 양식코스요리처럼 한식코스의 개발이 성행되고 있다.

제3절 식음료 부문의 조직

1. 식음료 부문의 조직

조직이란 공통의 목적 달성을 위하여 노동과 직능을 분화하고 이에 책임과 권한을 부여한 일정 계층을 통해서 여러 사람들의 활동을 합리적으로 조정한 것이다.

식음료부 조직은 경제성에 목적을 두고 종사원은 경영목표를 달성하기 위하여 일정한 업무활동을 수행하게 된다. 특히, 다양한 고객의 욕구를 충족시켜 줌으로써 수익증대의 목적을 달성할 수 있는 식음료 부분은 조직구성원에 의한 인적 서비스를 통해 각종 정보를 제공하여 고객의 수요를 확산시키고 구매행동으로 유도하는 중요한 역할을 수행한다.

따라서 식음료 부문조직은 경영목표를 효과적으로 달성할 수 있도록 하기 위하여 구성원의 의무와 책임권한을 명확히 하고 단순화해야만 한다. 또한 창의적이고 독창적으로 업무를 수행할 수 있는 권한의 하부 위임과 감독의 기능을 적절히 조절할 수 있어야 한다.

조직의 최적 규모는 테이블의 수량, 음식의 종류, 가격, 영업시간, 손익분기점, 서비스 형태 등의 다각적 분석에 의해 결정될 수 있다. 식당의 규모에 의해 조직구조가 다양하겠지만, 기능적인 측면에서 볼 때 식료부문, 음료부문, 주방부문으로 분류된다. 따라서 식음료부문의 조직은 규모의 여하에 따라 각 기능간 유기적 관련성의 정도가 다르다(박정준, 2003).

2. 식음료 부문의 조직 기능

식음료 부문은 크게 식당Restaurant, 연회Banquet, 주장Bar 부분으로 나누어진다. 각 조직의 기능을 살펴보면 다음과 같다.

1) 식당

- 양식, 일식, 중식, 한식, 커피숍의 각 식당 영업 및 고객관리
- 각 식당의 집기, 비품, 시설물의 보존 · 유지 및 관리
- 각 식당의 판매 메뉴 및 가격 결정, 자료작성
- 각 식당 종사원의 인사관리 및 교육훈련
- 주방 부문과의 조화
- 기타 식당의 영업에 필요한 제반사항

2) 연회

- 각 연회장의 시설 및 집기의 운용 및 관리
- 연회사항 예약 및 행사준비
- 연회유치 판촉활동 및 판촉부와 정보교환
- 연회행사 메뉴 및 가격 결정을 위한 조정업무
- 출장연회의 종합적 관리

3) 주장

- 각 음료 및 주장의 집기, 비품관리
- 주장의 영업 및 고객관리
- 음료판매 메뉴 및 가격 결정
- 각 음료 및 주장 종사원의 인사관리 및 교육훈련

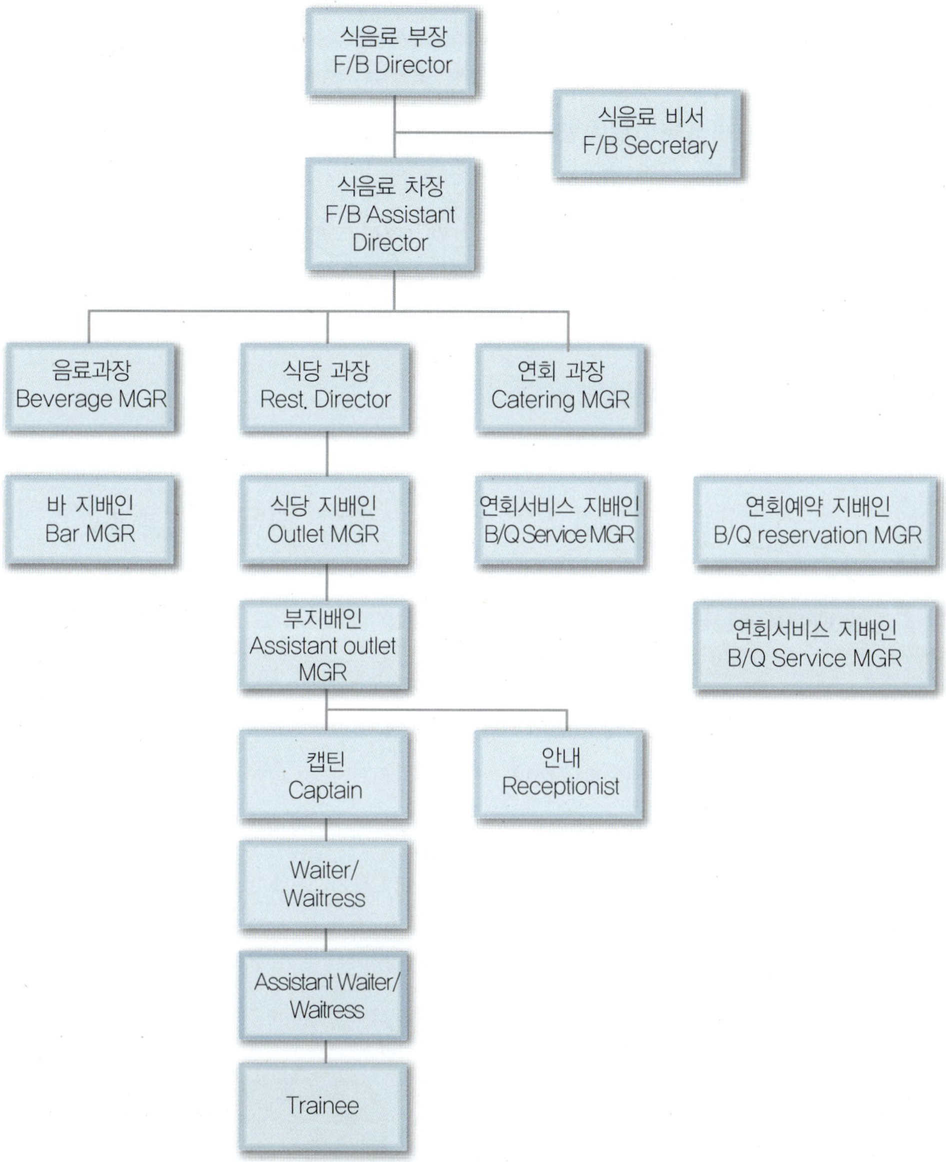

그림 2-1 식음료 부서의 조직도

3. 식음료부의 조직도

식음료 부서의 조직도는 식당의 규모, 등급, 위치, 서비스의 형태 및 메뉴의 내용 등에 따라 차이가 있다.

다음은 일반적인 대규모 식당이나 호텔 등에서 제공되는 서비스 형식에 따른 식음료 서비스 조직도이다.

1) 셰프드랑 시스템 Chef de Rang System

셰프드랑 시스템 Chef de Rang System은 주로 프렌치 레스토랑 French Restaurant에서 플래터 Platter 서비스 형식에 적합한 조직으로서 가장 정중한 최고급 서비스라고 할 수 있다. 이 조직은 조장 Chef de Rang을 중심으로 3명 정도의 웨이터가 한 팀이 되어, 자기에게 주어진 스테이션 station에서 담당 고객에게 서비스한다.

이 조직의 장점은 다음과 같다.

- 수준 높은 서비스를 제공한다.
- 충분한 휴식시간을 갖는다.
- 매출의 증대를 가져온다.
- 근무조건이 향상된다.
- 고객 앞에서 조리를 한다.

또한 단점으로는 다음과 같은 것들이 있다.

- 종업원 의존도가 크다.
- 매출액에 비해 인건비 지출이 크다.
- 다른 서비스에 비해 시간이 오래 걸린다.
- 서비스의 섬세함으로 인해 회전율이 낮다.

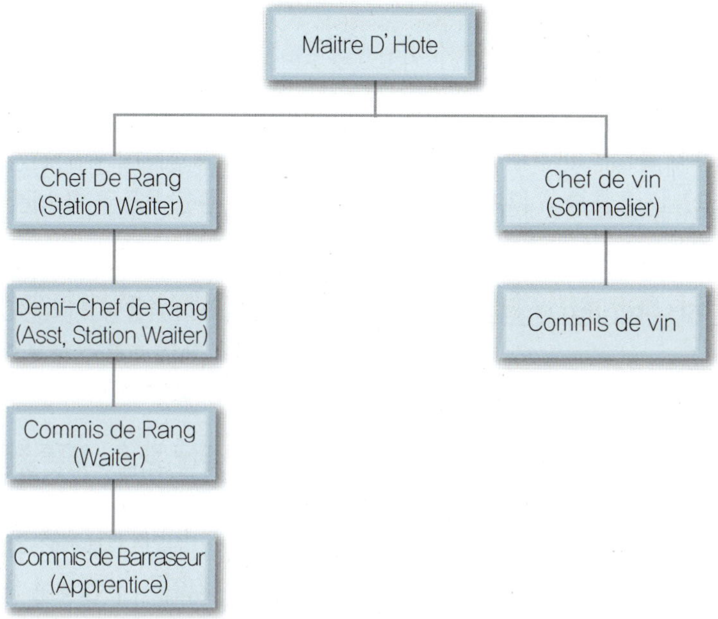

그림 2-2 Chef De Rang System

2) 헤드웨이터 시스템 Head Waiter System

헤드웨이터 시스템Head Waiter System은 비교적 정중도가 떨어지고 빠른 서비스를 요하는 아메리칸 서비스American Service 즉, 플레이트 서비스Plate Service에 적합하다.

이 조직은 헤드웨이터를 중심으로 식사담당meal waiter과 음료담당beverage waiter을 두어서 주어진 테이블을 서비스하는 것이다. 일반적으로 식당에서 가장 많이 사용되는 제도

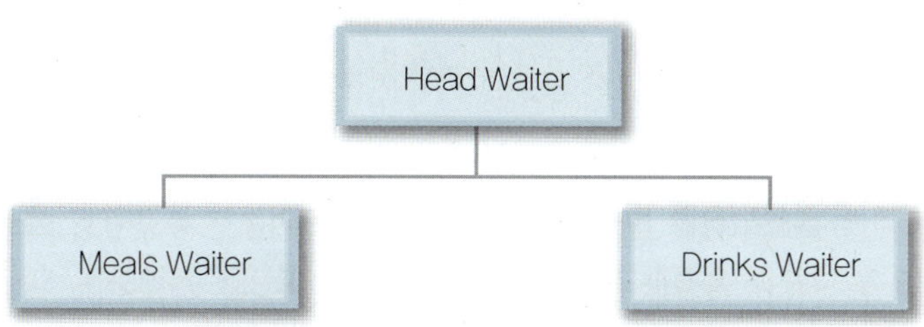

그림 2-3 Head Waiter System

이다.

이 조직의 장점은 다음과 같다. ① 셰프드랑 시스템보다 신속한 서비스가 가능하다. ② 회전율이 높다. ③ 최고급 서비스와 하위급 서비스의 절충형이다. 또한 단점은 다음과 같다. ① 셰프드랑 시스템의 서비스 분위기보다 가볍다. ② 정중한 서비스가 곤란하다. ③ 서비스 불충분이 고객의 단골화에 영향을 줄 수 있다.

3) 스테이션 웨이터 시스템 Station Waiter System

이는 One Waiter System이라고도 부르며, 헤드웨이터 밑에 한 명의 웨이터가 담당 구역만을 서브하는 제도, 즉 한 명의 웨이터가 특정 식탁만을 맡아 주문을 받고 식사와 음료를 제공하는 것이다. 계절식당 운영에 적합하다.

이 조직의 장점은 다음과 같다. ① 서비스가 충실하다. ② 고객의 부담이 최소화될 수 있다. ③ 회전율이 높다. ④ 인건비의 절약이 가능하다. 또한 단점은 다음과 같다. ① 서비스의 부실로 고객관리가 어렵다. ② 서비스 상품의 질적 향상이 어렵다. ③ 전문성이 떨어질 수 있다. ④ 담당 구역을 비우기가 쉽다. ⑤ 고객을 기다리게 하여 불평을 받을 수 있다.

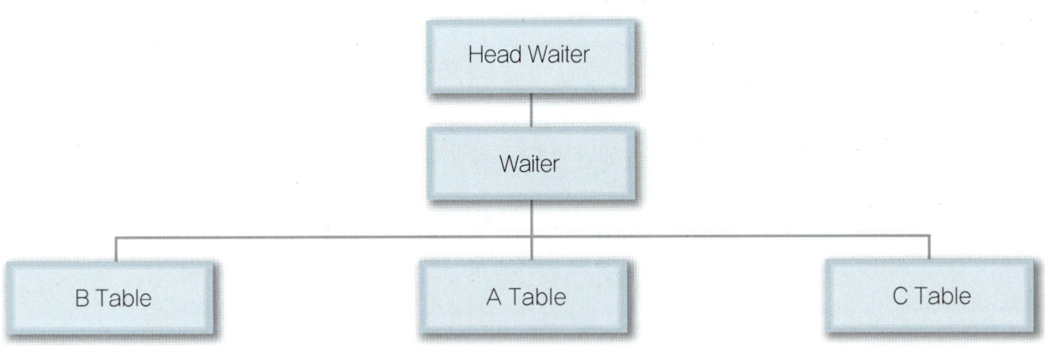

그림 2-4 Station Waiter System

4. 식음료 부서의 직무

1) 식음료 부장F&B Director

식음료 부서의 최고 책임자로서 영업에 관한 계획 및 정책의 수립, 영업장의 관리 · 감독, 종사원의 인사관리 등 식음료 부서의 전반적인 운영에 대한 책임을 맡고 있다.

2) 식음료 차장Assistant F&B Director

식음료 부장F&B Director을 보필하고 고객에게 제공되는 음식과 서비스를 비롯하여 모든 식당의 운영상태 및 문제점을 파악하고, 운영에 관한 책임을 지며, 각 식당종사원의 인사관리와 서비스 강화교육을 맡는다.

3) 영업장 지배인Outlet Manager

식당의 책임자로서 영업장의 운영 및 고객관리, 인사관리, 교육훈련과 부서장 간의 직 · 간접적인 중계 역할을 한다.

- 업장관리 : 매출관리, 재고관리, 업장 환경정돈, 원가관리, 특별행사 기획
- 고객관리 : VIP 영접, 고객대장관리, 고객불평 처리 및 예방, 예약관리
- 인력관리 : 근태관리, 인사고과, 교육훈련
- 문서관리 : 문서의 기록 · 보관

4) 영업장 부지배인Assistant Outlet Manager

영업장 부지배인은 영업장 지배인을 보조하며, 지배인의 부재 시, 영업장운영 전반에 대한 책임을 갖는다. 부지배인은 영업장 직원들의 작업스케쥴Work Schedule과 판매보고서Sales report를 작성하고, 영업시간 중 영업장에서 발생하는 여러 가지 문제에 관한 대부분의 결정과 지시를 내린다.

5) 캡틴 Captain

캡틴은 영업장 부지배인을 보좌하는 접객 책임자로서 영업의 준비상태와 직원의 복장 및 용모를 점검한다.

- 접객 책임자로서 영업준비 상태와 종사원의 복장 및 용모를 점검한다.
- 테이블 세팅 등 영업준비를 위한 제반 사항을 확인 점검한다.
- 고객을 영접하고 식음료의 주문과 서비스를 담당한다.
- 담당웨이터, 웨이트리스를 지휘하여 서비스에 만전을 기한다.
- 식사를 마친 고객에게 계산서를 제공한다.

6) 접객원 Waiter, Waitress

접객원은 Captain 또는 부지배인의 지시를 받으며, 고객에게 메뉴를 설명하고 식사 주문을 받으며 주방에서 식사를 가져와 고객에게 제공하는 업무를 맡고 있다.

- 캡틴의 업무를 보조한다.
- 영업 전후로 자기가 맡은 업무분장을 충실히 수행한다.
- 자기가 맡은 테이블에 올바른 서비스 절차에 따라 음식을 서브한다.
- 테이블 세팅 및 서비스에 필요한 각종 용품을 체크한다.
- 고객이 떠난 테이블을 재정비한다.

7) 실습생 Trainee

- 웨이터, 웨이트리스의 업무를 돕는다.
- 식사가 끝난 접시를 주방의 접시 세척장소로 옮겨 치운다.
- 업장에서 필요한 각종 서비스 용품을 보급한다.
- 테이블 세팅을 돕고 냅킨을 접는다.
- 고객에게 물, 버터, 빵, 커피, 티 등을 서브한다.
- 업장 내 테이블, 의자 등을 청소하고 기물을 닦는다.

8) 리셉셔니스트 Receptionist

리셉셔니스트는 영업장을 방문하는 고객을 영접 · 환송하고, 영업장 내의 점검사항을 수시로 확인하며, 웨이터나 웨이트리스의 서비스를 돕는다. 고객의 예약을 받고, 특히 VIP 고객에게는 경험 있는 종사원을 배정한다.

리셉셔니스트는 깨끗한 용모와 숙련된 화술을 구사하고, 항상 미소 띤 얼굴로 고객에게 서비스해야 한다.

- 영접, 안내, 환송 등이 주 임무이므로 환대정신을 살려 응대한다.
- 각 서비스 구역에 배치된 캡틴이나 웨이터를 파악하고 테이블 번호를 숙지한다.
- 웨이터, 웨이트리스의 업무가 바쁠 때에는 협조를 한다.
- 레스토랑의 예약업무를 수행한다.
- 레스토랑 입구에서 또는 전화로 고객을 찾으면 페이징 서비스 Paging Service를 담당한다.

제2장

메뉴관리

제1절 메뉴의 의의

오늘날 우리가 일반적으로 사용하고 있는 메뉴Menu라는 말은 프랑스어로 그 어원은 라틴어의 'Minutus', 영어로는 'Minute'의 뜻으로 '축소하다diminish'는 의미이다. 이에 기초하여 오늘날 메뉴를 'Small(작은), 'Detailed List(상세한 목록)'로 부르고 있다.*

영국에서는 메뉴의 또 다른 표현으로 'Bill of Fare'라고도 하는데, 'Bill'이란 '상품목록itemized list'을 의미하고, Fare는 '음식Food'의 의미이다. 따라서 이를 '음식의 상품목록'이라 부르고 있다.

식음료 업장에 있어서 메뉴는 그 업장의 상징으로서 고객에게 제시하기 위하여 식음료의 품목과 가격을 작성 기록하여 고객이 식음료를 구입하는 데 필요한 정보를 제공하

* Lendal H. Kotschevar, John Wiley & Sons, 1987, p. 48.

는 차림표라고 할 수 있다. 메뉴는 단순히 품목과 가격을 기록한 데 그치는 것이 아니라 고객과 기업체를 연결하는 판매촉진의 매체로서 기업의 이윤과 직결된다.

메뉴의 역할의 다음과 같다.

■ 메뉴는 식음료 마케팅 도구이다.

식당의 모든 것은 메뉴와 함께 시작한다. 메뉴는 문구로 표현된 식당의 그 어떠한 활동보다 중요한 것으로 성공적인 식당 경영의 기초가 되는 핵심요소이다.

메뉴는 식당에서 생산되는 품목을 표시하고, 또한 그것을 읽는 고객에게 상품을 전달하고자 하는 인쇄물이다. 음식의 메뉴와 음료리스트를 고객이 볼 수 있도록 비치하는 것은 고객이 상품을 선택할 수 있도록 일목요연하게 알리기 위함이다.

메뉴는 고객층의 결정과 수요에 영향을 주는 중요한 마케팅 도구로서 영업의 정책이나 목적에 의하여 이윤의 극대화, 영업목표의 달성, 고정고객의 확보, 향후 영업전략을 수립하는 데 유용한 수단이 된다.

■ 메뉴는 식음료 업장의 규모와 조리능력을 결정한다.

메뉴는 식당경영의 상징적인 사명을 갖고 있다. 또한 식당의 운영상태는 메뉴를 보면 알 수 있다.

메뉴를 보면 홀과 주방 규모를 알 수 있고 또한 조리 수준과 서비스를 가늠해 볼 수 있다. 메뉴는 식당의 얼굴이기도 하며, 식당의 수준을 결정하기도 한다.

■ 메뉴는 업장을 상징하고 분위기를 창출한다.

메뉴는 식당의 실내장식과 큰 조화를 이루어야 한다.

메뉴판 표지의 업장 로고와 디자인, 색상 등은 그 업장을 상징하고, 메뉴판 자체는 식당의 연출물로서 분위기를 창출해 내기도 한다.

■ 메뉴는 무언의 서비스맨serviceman인 동시에 세일즈맨salesman이다.

메뉴는 무언無言의 판매자이다. 메뉴는 고객으로 하여금 식욕을 직접 불러일으키게 하여 판매의 효과를 준다. 또한, 메뉴판 표지의 업장로고와 디자인, 색상 등은 그 업장을 상징하고 메뉴판 자체는 연출물로서 분위기를 창출한다.

메뉴는 고객이 무엇을 어떻게 원하는가를 파악하여 구입욕구를 충족시켜 주지 않으면 안 된다.

제2절 메뉴의 분류

1. 식사내용에 의한 분류

1) 정식 메뉴 Table D' hote Menu

정식定食 요리 또는 코스 요리로 제공되는 메뉴를 말하며 아침, 점심, 저녁 등 식사시간에 따라 각기 정해진 메뉴품목으로 구성되어 있다. 가격은 코스에 따라 일정하게 정해지든지, 아니면 메인코스를 무엇으로 정하느냐에 따라 다르며 보통 에피타이저, 수프, 생선, 주요리, 샐러드, 후식, 차 등의 순서로 구성되어 있다.

① 5 Course Menu

전채appetizer → 수프soup → 주 요리main dish → 후식dessert → 음료beverage

② 7 Course Menu

전채appetizer → 수프soup → 생선fish → 주 요리main dish → 샐러드salad → 후식dessert → 음료beverage

③ 9 Course Menu

전채 appetizer → 수프 soup → 생선 fish → 셔벗 sherbet → 주 요리 main dish → 샐러드 salad → 후식 dessert → 음료 beverage → 식후 생과자 praline

2) 일품 메뉴 A La Carte

'A La Carte Menu'는 일품요리 一品料理 메뉴를 말하며, 고객의 기호에 따른 주문에 의하여 제공되는 요리로서 각 코스별로 여러 종류를 나열해 놓고 고객이 골라먹을 수 있게 만들어진 차림표이다. 일품요리 메뉴는 고객이 기호에 따라서 먹을 수 있는 유리한 점이 있으나 대체로 가격이 비싸다는 단점이 있다.

'A La Carte Menu'는 한번 작성되면 장기간 사용하게 되므로 요리준비나 재료구입 업무가 단순화되어 능률적이라 할 수 있다. 그러나 식재료의 원가 상승에 의해 이익이 줄어들 수도 있으며, 단골고객에게는 신선하고 새로운 맛을 주지 못하고 지루함을 주어 판매량이 감소할 수도 있다. 따라서 'A La Carte Menu' 식당에서는 고객의 욕구를 감안하여 새로운 메뉴 개발노력을 지속적으로 해야만 한다.

3) 뷔페 메뉴 Buffet Menu

■ 뷔페식당

뷔페 메뉴는 정해진 가격에 맞춰진 요리들이 제공되는 이유로 코스요리의 범주에 속한다고 볼 수 있다. 뷔페 메뉴는 가격과 행사의 성격에 따라 간단히 손으로 음식을 집어 먹을 수 있는 약식 뷔페 메뉴에서부터 고급 메뉴들로 가득 찬 정식 뷔페 메뉴에 이르기까지 종류와 질이 매우 다양하다. 뷔페 메뉴는 결혼피로연, 리셉션, 회의만찬 등 큰 모임이 있는 경우에 자주 제공된다.

뷔페는 준비내용에 따라 찬 cold 뷔페와 더운 Hot 뷔페로 구분되며, 운영방법에 따라 먹는대로 값을 지불하는 오픈 뷔페 Open Buffet 일정한 고객의 숫자에 따라 정해진 양의 음식이 제공되는 클로즈드 뷔페 Closed Buffet가 있다.

2. 시간에 의한 분류

1) 조식메뉴 Breakfast Menu

(1) 미국식 조식 American Breakfast

미국식 조식은 과일, 주스류, 시리얼 cereal(곡물요리), 계란요리 egg, 케이크, 음료, 빵, 토스트 등과 같이 각종 음식이 다채롭게 제공되는 것이 특징이다.

* 메뉴구성 : 계란요리 + 빵 + 주스 + 커피나 홍차

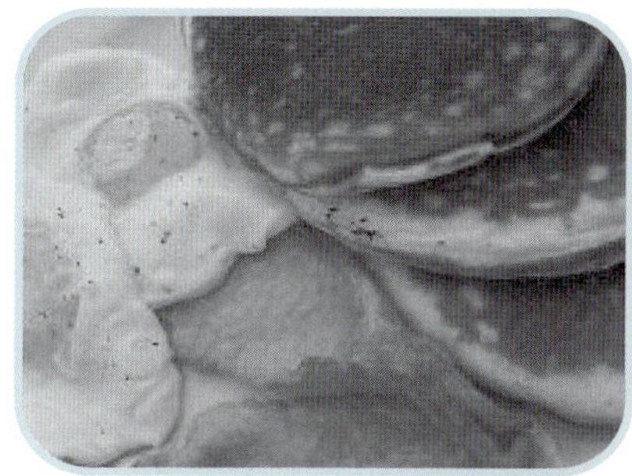

■ 조식메뉴

(2) 유럽식 조식 Continental Breakfast

미국식에 비하여 간단한 식사로 계란요리가 곁들여지지 않고 주스, 빵, 음료, 커피 등이 주로 서브된다.

* 메뉴구성 : 빵 + 주스 + 커피나 홍차

■ 유럽식 조식

(3) 비엔나식 조식 Vienna Breakfast

간단한 달걀 요리와 롤빵, 커피나 우유가 서브되는 식사이다.

(4) 영국식 조식 English Breakfast

미국식 조식과 같으나 생선요리 fish가 추가되는 것이 특징이다.

■ 비엔나식 조식

■ 영국식 조식

2) 브런치 메뉴 Brunch Menu

브런치 메뉴는 breakfast와 Lunch가 합쳐진 용어로 미국의 레스토랑에서 많이 사용하고 있는 메뉴로서, 아침과 점심식사의 중간쯤에 있는 식사 메뉴를 말한다. 특히 바쁜 도시 생활을 하는 사람들에게 적용되는 메뉴이다.

3) 점심 Lunch or Luncheon Menu

점심메뉴는 업무 중간의 피로함을 덜기 위해 저녁메뉴보다 가볍고 저렴한 가격으로 제공되는데, 오늘의 메뉴 Daily Special, 주방장 특선 Chef's Recommendation을 정식코스에 따라 대체로 수프, 앙뜨레, 디저트, 커피나 홍차의 순으로 품목이 적게 제공된다.

4) 저녁 메뉴 Dinner Menu

저녁메뉴는 하루 중에 가장 중요한 식사이기 때문에 다양하며, 가격도 비싼 것이 특징이다. 조식이나 점심보다 여유를 갖고 식사를 하기 때문에 주류를 제공함으로써 수익증대에 기여한다. 또한 메뉴의 다양성, 서비스, 분위기, 실내장식에 대한 프리미엄이 기대되기에 식당경영 측면에서는 고객의 욕구충족과 수익확보 차원에서 메뉴구성에 철저함을 기하여야 한다.

5) 서퍼 메뉴 Supper Menu

서퍼는 본래 격식 높은 정식 외 만찬을 의미하였으나, 근래에 와서는 그 의미가 변화되어 늦은 저녁 밤참 supper으로 제공되는 것을 말한다. 늦은 저녁행사(음악회, 오페라 등의 큰 모임) 후의 식사로서 가벼운 음식과 간단한 코스(2~3코스)로 구성되며, 진한 soup에다 소시지와 빵 또는 샌드위치, 음료 정도의 경식으로 제공된다.

3. 변화 정도에 의한 메뉴

1) 고정 메뉴

고정 메뉴 Static Menu, fixed Menu는 새로운 Menu가 등장하기 전까지 몇개월 또는 그 이상 사용되는 메뉴로 일정기간 동안 메뉴품목이 변하지 않고 제공되는 메뉴이다.

고정 메뉴는 상품의 통제와 조절이 용이하고 상품이 많지 않아 전문화할 수 있는 장점이 있다. 그러나 상품이 오랫동안 고정되어 있고 환경변화에 둔감하여 고객이 싫증내기 쉬우며, 시장이 제한적일 수도 있다.

2) 순환 메뉴

순환 메뉴 Cycle Menu는 일정한 주기, 즉, 월 또는 계절에 맞추어 변화하는 메뉴이다. 리조트호텔 또는 카지노호텔의 식음료업장, 학교, 카페테리아, 병원급식, 단체급식, 교도소급식 등에서 많이 사용하는 메뉴이다. 순환 메뉴는 메뉴에 변화를 주어 고객에게 신선함을 전달할 수 있고, 계절에 따라 메뉴 조정이 가능한 장점이 있다. 그러나 식재료의 재고율이 높을 수 있으며, 계절에 따른 메뉴 품목을 생산하기 위해서는 아주 숙련된 조리사가 필요하다.

3) 일시적 메뉴

일시적 메뉴는 특별한 행사기간에 판매되는 메뉴로 페스티발 메뉴 Festival Menu, 일일특별메뉴 Daily Special Menu, 계절 메뉴 Seasonal Menu, 가벼운 메뉴 Light Menu, 건강식 메뉴 Health Menu, 야채 메뉴 Vegetable Menu 등이 있다.

4. 특별 메뉴

특별 메뉴 Specialty Menu는 특정고객 또는 식당의 차별화된 운영 메뉴이다. Cafe의 애프터눈 티 afternoon tea라든지, 노인의 건강을 생각한 식단, 어린이 메뉴, 저염식 메뉴, 디저트 메뉴, 테이크 아웃 Take-out 메뉴 등 그 종류는 구성하기에 따라 달라질 수 있다.

■ 축제 메뉴

■ 계절 메뉴

1) 축제 메뉴

특정 축제일이나 기념일에 특별히 제공되는 메뉴로서, 예를 들면 추수감사절 때 칠면조 요리와 같은 것이다.

2) 계절 메뉴 Seasonal Menu

식자재의 성숙기인 계절을 선택하여 일정 기간 운영하는 메뉴이다. 해산물이 풍부해지는 계절에 싱싱한 해산물을 이용한 메뉴를 선보인다든지, 계절에 따라 수확되는 과일을 이용한 프로모션 Promotion 메뉴를 만든다든지 하여 운영된다.

예를 들어 봄에는 딸기 · 봄나물, 여름에는 농어 · 수박 · 복숭아, 가을에는 전어 · 송이버섯 · 사과 · 배, 겨울에는 홍시 · 팥죽 · 고구마 등을 이용하여 구성하는 형태를 말한다.

3) 오늘의 메뉴 Daily Special Menu

요일별로 메뉴를 다양하게 세트화하여 만든 메뉴이다. 이 메뉴의 운영상 장점은 매일 준비된 메뉴로서 신속한 서비스를 할 수 있고, 재고를 활용할 수 있으며, 고객의 흥미를 유발시켜 매출을 증대할 수 있다.

제3절 메뉴계획

1. 메뉴계획의 의의

메뉴계획은 식당에서 고객에게 판매할 요리를 미리 결정해 놓는 것을 말한다. 메뉴계획은 식당개념 정립과 밀접한 관계가 있다. 메뉴는 식당에서 구르는 바퀴의 중심과도 같이 식당경영의 총체적 개념으로 예술품을 만드는 것과 같고, 메뉴의 중요성은 아무리 강조해도 지나침이 없다.

메뉴계획은 식당의 영업형태나 입지조건, 고객의 욕구 등 다양한 요인에 의하여 영향을 받기 때문에 식음료 상품의 공급과 고객만족이라는 마케팅 차원에서 전략적으로 이루어지지 않으면 안 된다.

메뉴계획은 고객만족을 통한 수익의 극대화라는 화두에서 시작되는 식당 마케팅 전략의 출발점이다.

식당은 음식이라는 상품판매를 통하여 매출을 극대화하고자 할 때, 메뉴가 이 매출을 촉진시킬 수 있는 가장 기본적이고 중요한 수단이 된다. 물론, 식당의 분위기나 서비스의 질, 서비스 직원의 태도와 음식의 질적 수준 등도 판매촉진 수단이 되지만, 고객이 식당에 들어오면 실질적인 상품을 표시해 놓은 메뉴가 가장 중요한 판매도구가 된다.

따라서 시작하는 단계에서부터 고객이 원하는 상품을 생산하기 위해서는 그에 맞는 메뉴가 계획되어야 한다.

2. 메뉴계획의 고려사항

■ 고객의 욕구 파악

고객의 욕구 파악을 위해 철저한 시장조사를 실시한다.

시장 조사를 토대로 사회적인 트렌드Trend라든지, 고객의 욕구를 충분히 파악하여 계획하여야 한다.

메뉴계획을 세울 때 누구를 대상으로 하며, 그들이 좋아하는 것이 무엇인가를 분석해야 한다. 즉 정확한 타깃Target층의 욕구를 명확히 파악하여 메뉴에 반영해야 한다.

■ 원가와 수익성 조사

아무리 최고의 메뉴라 할지라도 원가가 높거나 매출액이 낮아서 수익성이 없다면 곤란하다.

메뉴 계획자는 식재료원가, 제조원가, 판매원가, 관리원가 등을 고려하여 이윤을 남길 수 있도록 경제성을 고려해야 한다.

■ 식재료의 준비

메뉴 계획자는 메뉴를 구성하기 전에 판매할 품목에 어떤 식재료가 필요한가를 먼저 알아야 한다.

따라서 냉장고에 남아 있는 재고를 먼저 파악하고 이에 대한 메뉴를 작성하며, 구성되는 메뉴의 식재료가 시장에서 공급될 수 있는가를 파악해야 한다.

■ 조리기구의 한계성 파악

메뉴 계획자는 사용 가능한 조리기구의 한계성을 잘 파악하고, 또한 작성되는 메뉴가 조리인원에 너무 부담스럽지 않은가도 고려하여 메뉴계획을 세운다. 어떤 품목을 어떻게 조리하는가에 대한 계획도 세워야 한다.

■ 영양적 요소 고려

식당 메뉴를 작성할 때는 균형 있는 영양을 고려하여 작성한다. 특히 단일 메뉴를 작성할 때는 작성된 메뉴의 영양적 결핍을 방지하는 기술과 아울러 반찬 종류의 다양화를 꾀하여 고객을 유치하는 수단으로 사용해야 한다.

■ 다양성과 매력성

고객에게 일년 사계절 동일한 메뉴를 제공하면 단골 고객은 메뉴에 대하여 식상함을 느끼게 된다. 메뉴 품목에 있는 상품이 구매의욕을 돋우기 위해서는 계절감, 색깔, 모양, 향기, 서비스의 방법, 온도, 장식 등으로 고객에게 호기심과 매력을 주도록 계획하고 다양한 조리 방법과 일정한 시간별로 메뉴에 변화를 주어야 한다.

주요리와 함께 곁들여서 제공되는 사이드 디쉬side dish도 잘 조화를 이루도록 하고 음식과 함께 고객에게 제공되는 식기 종류도 잘 어울려 아름답게 보이도록 한다.

3. 메뉴작성 시 유의사항

■ 한 메뉴에 동일한 재료의 음식이 중복되어서는 안 된다.

전채에서 후식에 이르기까지 동일한 재료로 다른 코스에서 중복되어 제공되면 고객은 메뉴에 대하여 매력을 갖지 못하므로 동일한 재료사용을 피해야 한다. 이것은 생선, 육류, 가금류, 엽조류, 각종 야채류나 과일을 막론하고 마찬가지이다.

■ 요리의 장식에 주의해야 한다.

주요리만 솜씨 있게 만들 것이 아니라 요리 전체가 고객에게 한층 품위 있게 돋보이기 위해서는 색의 조화를 이루고 요리 재료를 알맞게 장식해야 한다. 이러한 장식을 위해서는 요리에 대한 애착과 부단한 연구가 필요하다.

■ 동일한 색상의 육류가 한 메뉴에 동시에 제공되어서는 안 된다.

시각적 · 영양적 요소를 감안하여 요리에 흰색 육류white meat나 검은색dark meat이 두 가지 이상 중복되어 같은 메뉴에 제공되어선 안 된다.

■ 동일 계통의 소스sauce를 두 가지 이상 제공해서는 안 된다.

다른 재료로 음식을 만들었어도 유사하거나 동일한 소스를 사용하면 맛의 차별화가 힘들기 때문에, 동일 계통의 소스 제공은 피해야 한다.

■ 조리방법cooking method이 동일한 음식을 같은 메뉴에 사용하는 것은 금물이다.

메뉴를 구성할 때 요리의 다양한 방법을 이용하지 않고, 튀기거나, 굽거나, 찌는 요리 등의 방식이 여러 번 겹치는 방법은 절대 사용하여서는 안 된다.

■ 코스의 균형은 경식light dish에서 중식heavier dish으로 맞춘다.

서양식의 코스 구성도 경식에서 중식으로 구성되어 있다. 이는 사람의 신체구조와 뇌와 위를 생각한 과학적인 구성이다. 그러므로 코스를 구성할 경우 순차적인 방법의 요리 구성을 해야 한다.

요리 제공의 순서 역시 경식light dish에서 중식heavier dish으로 균형을 맞춘다.

■ 식당의 정비 및 주방과 서비스 인원에 맞는 요리를 제공한다.

식당의 시설이나 인원을 고려하지 않고 계획된 메뉴는 여러 가지 문제점을 만들어낸다. 그러므로 메뉴를 구성하는 단계에서부터 식당의 시설 및 인력에 대한 계획이 병행되어야 한다.

■ 메뉴는 불어로 표기하는 것을 원칙으로 하되 특정 국가의 고유한 요리는 그 나라의 언어로 표기한다.

메뉴의 표기문자는 요리의 내용에 따른 각국의 고유문자를 사용한다. 한국의 갈비나 비빔밥의 표기가 가루비, 비빔팝 등의 일본어 표기로 인하여 일본음식으로 잘못 알고 있는 외국인이 많다고 한다. 이는 국가의 고유한 언어 표기 원칙을 지키지 않은 데서 파생된 문제라 할 수 있다.

■ 계절, 요일 등의 감각에 따라 알맞은 메뉴를 작성한다.

여름에는 찬요리 cold dish, 겨울에는 더운 요리 hot dish 등으로 계절에 맞는 과일과 야채 요리, 지방의 특산물 등이 제공되도록 한다.

■ 저녁메뉴는 가급적 견고한 요리 hard dish를 삼가도록 한다.

저녁 식사 후에는 일반적으로 운동량이 적어지면서 수면을 취하므로 소화가 잘되는 요리를 제공한다.

■ 영양을 고려하여 메뉴를 짠다.

연령별, 성별, 직업별로 음식의 양과 질을 균형 있게 배합하여 열량공급을 시킬 수 있는 메뉴를 구성해야 한다.

제3장 식음료 마케팅

제1절 식음료 마케팅의 개념

1. 식음료 마케팅의 개념

미국의 마케팅협회는 현대적 마케팅의 정의를 '생산자로부터 고객으로 상품 · 서비스 흐름을 지휘하는 기업활동의 수행'이라는 종래의 정의에서 '고객과 기업의 목표를 만족시키는 교환을 창조하기 위하여 아이디어, 재화, 서비스, 가격, 판매촉진, 유통 등을 계획하고 실시하는 과정'으로 그 범위를 확대함으로써 기업의 사회적 마케팅과 고객만족이라는 넓은 의미를 포함하는 개념으로 정의하고 있다.

식음료 마케팅은 식음료의 판매촉진과 고객의 편의와 서비스를 위한 식당경영 활동이다. 흔히 판매selling와 마케팅marketing의 개념이 혼동되기 쉬운데, 판매는 판매인의 욕구가 초점이지만 마케팅은 고객의 욕구가 초점이 되는 것이다. 그러므로 판매는 식음료 상품을 현금으로 바꾸려는 판매자의 욕구가 선행되며, 마케팅은 그 상품을 통해서 고객의 욕구를 만족시키려는 생각과 그 상품을 생산 · 분배 · 소비하게 하는 일에 관련된 제반사항을 의미한다. 이런 마케팅 개념은 다음과 같이 일방적인 방법이 아니라 고객의 유형이나 욕구, 태도 등을 중시하는 쌍방적 방법을 사용하는 것이 바람직하다.

① 일방적 방법(종래의 판매법)

② 쌍방적 방법

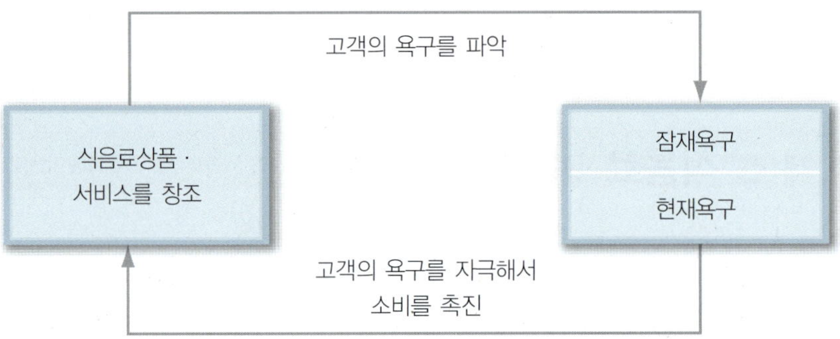

자료: GI Hotel, F&B Culinary, 1990.

따라서 고객의 이용목적에 맞는 특징을 강조하고, 부가가치를 더하는 활동이 필요하다. 이러한 노력이 바로 마케팅 활동이다.

이러한 마케팅 활동을 전개하기 위해서 외식사업체는 소비자를 탐색하고, 그들이 진정 원하는 욕구를 찾아 상품화해야 한다. 그리고 찾아낸 제품과 서비스를 우리만의 색깔로 디자인하고, 그 상품에 가격을 설정하고 촉진하며, 입지에 대한 결정을 한다. 따라서 제품개발, 조사, 커뮤니케이션, 유통 및 분배, 가격결정, 서비스 제공 등을 한다. 이런 일련의 과정을 식음료 마케팅이라 한다.

2. 식음료 마케팅의 유형

식음료 마케팅의 범주는 메뉴의 컨셉, 가격결정, 프로모션, 기획, 광고 및 홍보에 이르기까지 매우 광범위하며, 이는 궁극적으로 소비자들을 끌어들이기 위한 전략이라 볼 수 있다. 성공적인 마케팅 활동은 수치상의 매출상승과 고객수 증가만을 의미하지는 않으며, 기업이 추구하는 가치와 이미지를 형성하는 데 영향을 미친다고 할 수 있다.

국내 외식마케팅의 유형을 살펴보면 다음과 같이 요약할 수 있다.

■ 타깃 마케팅 target Marketing

최근 어린이는 물론 가족집단, 청소년집단 등 특정 고객층을 겨냥한 틈새상품의 개발이 활발하다. 특히 외식산업에 있어서 여성고객, 신세대, N세대 등이 새로운 소비집단으로 대두되고 있다.

레스토랑에서 여성고객들을 위해 마련하는 요리교실이나 테이블 세팅, 와인강좌 등은 타깃마케팅에 착안한 전략이라고 볼 수 있다. 이러한 문화강좌를 통해 외식기업은 이미지와 함께 새로운 여성고객들을 확보할 수 있는 장점이 있다.

또한 키즈메뉴 개발과 놀이방 설치 등을 통해 어린이 고객들은 물론 가족 고객들의 외식횟수를 늘릴 수 있다. 또한 어린이들이 미래의 주요 고객임을 감안할 때 어린이를 타깃으로 한 마케팅은 장기적인 관점의 target Marketing이라 할 수 있다.

■ 가격 마케팅

레스토랑에서 가격인하를 실시하는 주된 목적은 기존 고객의 만족과 더불어 내점횟수를 늘리고 객단가 상승, 신규 고객을 창출한다는 점에 있다. 그러나 과다하게 가격파괴를 실시하는 것은 단기간 고객들의 관심을 끌어 모을 수 있지만, 오히려 상품에 대한 가격이 싸게 이미지화 될 수도 있다. 따라서 가격파괴보다는 원재료 및 물류비용, 구입원가, 운영비용 등을 조절해 가격인하를 꾀하는 것이 바람직하다.

■ 연계 마케팅

연계 마케팅이란 공동으로 판촉을 하는 방법으로 비용절감과 동시에 시너지 효과를 발휘할 수 있어 외식산업에서 많이 사용하는 프로모션의 한 방법이다.

연계 마케팅으로 외식업체는 프로모션 운영비와 프로모션 진행에 필요한 물품 등을 지원받아 매출 상승과 함께 내점 고객을 늘릴 수 있는 이점이 있다.

■ 인터넷 마케팅

최근 들어 활발히 진행되고 있는 인터넷 마케팅은 정보통신 분야뿐만 아니라 일반 제조업 · 유통업 · 서비스업체들도 인터넷의 효과를 실감하면서 광고매체와 마케팅의 도구로 인기를 더해 가고 있다. 외식기업들은 자사의 홈페이지를 만들어 각종 행사 홍보를 통해 고객의 방문을 유도하고 있다.

■ 쿠폰 마케팅

쿠폰 마케팅은 쿠폰을 이용한 고객창출 기법이라고 할 수 있다. 각종 할인 쿠폰은 물론 무료시식 쿠폰, 쿠폰 북 등을 DM으로 발송하거나 레스토랑을 방문한 고객들에게 제공함으로써 재방문을 유도하고 새로운 잠재고객들을 창출할 수 있다.

■ 포인트 마케팅

포인트 마케팅이란 매출증대와 고정고객 확보를 위해 시행하는 것으로 이용금액 당 포인트를 적립시켜 고객들에게 환원해 주는 방식을 말한다.

포인트 마케팅은 소비자 입장에서 저렴하게 외식업소를 이용하는 효과가 있어, 외식업소가 고정고객 확보에 적극적으로 활용하고 있다. 또한 보너스카드 제도는 매출정산과 새로운 고객수를 한눈에 파악, 고객관리가 유용할 뿐 아니라 카드에 상호와 약도, 전화번호 등을 표기할 수 있어 간접적인 광고효과를 얻을 수 있다.

3. 식음료 마케팅 계획

마케팅 관리에 있어서의 관리순환은 바로 마케팅의 계획, 조직, 통제라는 관리기능의 순환과정인 것이다. 이러한 순환과정 가운데도 마케팅 계획이 지니는 마케팅관리론상의 의미는 특히 중요하다. 왜냐하면 마케팅 계획이 바로 이러한 순환과정의 출발점이 되기 때문이다. 흔히 관리의 특성은 계획된 관리를 수행하는 데 있다고 하는 것처럼 오늘날의 마케팅관리의 본질은 바로 마케팅 계획을 중심으로 하여 전개된다는 데 있다.

일반적으로 마케팅 계획이라 할 경우 외식사업체의 마케팅지향 정도에 따라 여러 가지 의미로 받아들여질 수 있다. 마케팅 중심의 외식업체에서는 흔히 마케팅 계획과 경영이 동일한 의미로 받아들여지고 있는 반면에, 그렇지 않은 외식업체에서는 그것이 경영계획의 한 분야로 인식되고 있다. 또한 마케팅 계획이 신상품 개발 사업이나 신시장 개척과 같은 마케팅 목표의 달성을 위한 행동계획서를 의미하는 경우도 있다. 그리고 마케팅 계획은 장기계획일 수도 있고 단기계획일 수도 있는데, 대체로 장기계획의 수립에는 외식사업체의 최고경영층과 중간관리층에 의하여 점포 · 시장 · 상품라인의 확대 등과 같은 전반적인 정책이 수립된다. 그 반면 단기계획은 중간 및 하위 관리층에 의하여 연간 광고계획이나 분기별 구매계획 혹은 판매원관리에 관한 세부지침 등과 같은 것이다.

마케팅 계획을 구체적으로 파악하기 위해서는 다음과 같은 세 가지 계획의 개념을 분명히 이해해야 한다.

① 외식사업체의 전반계획이 있는데, 이는 장기적이고 전반적인 외식사업체 목표 수립과 이를 달성하기 위한 장기전략을 입안하는 것이다.
   이 계획은 표적시장의 결정이나 마케팅 프로그램은 물론 자본예산, 생산목표, 인력충원 등과 같은 보다 광범위한 외식사업체의 목표 달성에 계획의 초점을 두게 된다. 그러나 점차 외식사업체 경영이 마케팅 지향성을 띠게 되면서 장기 · 단기 정책은 마케팅 영향을 받게 되었고, 그에 따라 기업의 전반계획과 마케팅 계획은 불가분의 관계가 되어가고 있다.

② 마케팅 계획은 상품, 유통시스템, 가격구조, 촉진활동 등 마케팅믹스의 요소에 관한 장기적 프로그램에 관한 계획구조를 말한다. 이러한 마케팅들은 상호 밀접한 관련을 가지고 동시에 수행, 조정되어야 하기 때문에 마케팅 계획 자체가 장기적인 마케팅믹스 전략이라고 볼 수 있다.

③ 연간마케팅 계획이 있는데, 이는 1년간의 마케팅활동에 대한 계획을 말한다.
이 계획은 연속적 계획과정의 한 부분의 계획이므로 이 계획들이 모여 장기적인 마케팅 계획이 완성된다고 할 수 있다. 그리고 장기계획과는 달리 연간계획은 전술적 측면이 강하다. 예를 들면, 단기계획의 사양단계에 있는 어느 상품의 촉진활동을 강화하여 판매부진의 불균형을 시정하려고 한다든지, 또는 장기계획에서는 촉진믹스에 있어서 인적판매의 역할을 강조하는 데 반해, 연간계획에서는 판매원의 직무연수 등을 계획하는 등이 그것이다(권금택 외, 2006).

4. 식음료 마케팅 계획의 특성

마케팅 계획의 범위나 개념에 대해서는 학자들에 따라 다양한 의견이 있으나 적어도 외식사업체의 관리라는 관점에서 볼 때, 마케팅 계획이 마케팅 활동의 출발점이 되므로 마케팅관리의 구체적인 지침이 될 수 있다. 그러한 의미에서 마케팅 목표를 달성하기 위해서 다른 모든 기능에 선행되어야 한다(권금택 외, 2006).

실제로 외식사업체에서 마케팅 계획의 목적이나 특성을 어떻게 파악하고 있는지에 대해 살펴보면 다음과 같다.

- 외식사업체의 안정 성장
- 외식사업체의 체질개선
- 단기계획의 설정을 위한 지침
- 적극적인 경영의 유지
- 외식사업체의 발전, 향상

• 장기 경영목표의 종합적 확립
• 원가절감의 기초방안 확립
• 경영합리화의 촉진
• 외식사업체 발전 방향의 확립
• 장기적인 안목이나 태도 조성 등의 순으로 마케팅 계획의 목적이나 특성을 파악

이로 미루어 볼 때 실제적인 외식사업체 활동에 있어서 마케팅 계획의 목적 내지 특성은 다음과 같다.

• 경영의 장기적인 성장과 안정을 도모한다.
• 장기적인 경영활동의 종합적인 조정을 가능하게 한다.
• 경영의 일관성을 확보한다.

제2절 시장세분화 및 포지셔닝

1. 외식업 시장세분화

1) 시장의 개념

모든 외식업체는 자신들만의 고유한 시장이 있다. 그 시장을 구성하는 소비자가 누구인지 즉, 우리 조직의 고객이 누구인지를 파악하여야 한다. 모든 소비자가 우리 외식사업체의 고객이 될 수는 없는 것이다. 시장market은 바로 소비자를 의미한다. 시장은 소비자들로 구성된다. 그러나 모든 소비자가 고객은 아니다. 그러면 시장이란 무엇인가?

시장은 우리의 눈에는 보이지 않는다. 즉, 시장은 우리의 마음속에 자리하는 가상적 존재라는 의미이다. 마케팅에서 말하는 시장이란 우리의 눈에 보이는 실제로 존재하는

시장이 아니라, 우리의 마음속에 존재하는 눈에 보이지 않는 시장이다. 이 가상적인 시장에서 경쟁외식 사업체들이 시장을 놓고 쟁탈전을 벌이는 것이다.

■ 시장은 소비자로 구성된다.

소비자는 고객, 구매자, 사용자 등으로 표현될 수 있는데, 시장을 구성하는 소비자는 외식사업체가 제공하는 외식상품을 필요로 하여 실제로 이용하고 있는 실제적 소비자actual consumer와, 지금 현재는 해당 외식상품을 구매하고 있지는 않으나 그것에 대하여 어느 정도의 관심은 가지고 있는 미래의 잠재적 소비자potential consumer가 있다.

■ 시장은 구매력이 있어야 한다.

그런데 소비자의 관심만으로는 시장을 정의하기에는 부족하다. 특정 외식상품은 자기 만족적이어서, 그것을 소비하는 데 필요한 소득수준, 이른바 구매력이 있어야 한다. 따라서 시장은 특정 외식상품을 구매하여 소비할 수 있는 구매력이 있는 소비자에 있다.

시장은 외식상품에 대하여 필요성을 느끼고 관심을 가지고 있어야 함은 물론, 그것을 구매할 능력을 가진 소비자들로 정의할 수 있겠다. 이러한 소비자들이 외식사업체에서 실제로 이용 가능한 유효한 시장available market이 되는 것이다. 이를 통하여 시장의 규모와 성장 가능성을 예측할 수 있다.

2) 시장세분화의 의의

시장을 구성하는 소비자들의 저마다 다양한 욕구를 충족시키기 위해서는 전체 시장을 일정한 기준에 따라 세분화하여 각 세분시장의 욕구에 적합한 마케팅 믹스를 개발하는 것이 시장세분화이다. 다시 말하면 시장세분화는 하나의 전체 시장을 보다 작은 시장으로 세분하다 보면 그 가운데 충족되지 않은 매력적인 시장(세분시장)을 발견하게 되고, 그 시장을 표적시장으로 삼아 소비자의 욕구를 충족시켜 줄 수 있는 상품을 제공하는 것이다.

이러한 시장세분화는 표적시장을 선정하기 위하여 시장을 세분화하게 되는데, 세분된 여러 시장 가운데 마케팅 기회를 제공해주는 매력적인 시장이 표적시장으로 선정된다. 선정된 표적시장에는 소비자의 욕구에 적합한 마케팅 믹스를 개발하게 된다. 여기에서 세분된 각각의 세분시장은 저마다 동질적인 욕구를 가진 소비자 집단으로 구성되며, 세분시장마다 다른 차별적 마케팅 differentiated marketing의 수행이 가능하게 된다.

이처럼, 시장세분화는 시장의 이질성 즉, 고객욕구가 이질적인 전체 시장을 대상으로 동질적인 욕구를 가진 여러 개의 세분시장으로 나누고, 세분시장 가운데 마케팅 기회를 제공하여 외식사업체의 목표를 달성할 수 있는 매력적인 시장을 표적시장으로 선정하고, 선정된 표적시장에는 다른 세분시장과는 다른 차별화된 특정 상품을 제공하게 된다. 각각의 세분시장마다 다른 차별적 마케팅의 적용이 가능하여 타사와의 경쟁에서 경쟁우위를 유지할 수 있고 나아가서 고객만족을 통하여 수익을 극대화 할 수 있다(권금택 외, 2006).

3) 시장 세분화의 이점

- 각 세분시장의 고객에 대한 이해와 고객의 행동에 대한 기대와 예측이 용이하다.
- 세분시장에 대한 이해를 발판으로 시장에서의 기회를 발견할 수 있다.
- 고객의 욕구에 맞게 상품, 가격 등 마케팅 믹스를 개발할 수 있다.
- 고객의 욕구를 정확히 충족시킴으로써 충성도 loyalty를 높일 수 있다.
- 강점이 어필될 만한 세분시장에 초점을 맞춰서 마케팅 노력을 투입함으로써, 대중 마케팅 mass marketing보다 높은 마케팅 효과를 기대할 수 있다.

2. 외식업 표적시장

하나의 외식사업체가 모든 소비자들의 욕구를 만족시킬 수는 없다. 소비자의 범위가 매우 넓기도 하지만, 그들의 욕구 또한 너무도 다양하기 때문이다. 그러므로 외식업체가 이들 시장 모든 사람에게 마케팅 노력을 하는 것보다는 소비자의 욕구를 보다 효과적으로 충족시킬 수 있고, 높은 수익성이 보장되는 표적시장을 찾는 것이 바람직하다. 표적시장을 찾을 때는 '왜(구매동기), 무엇을(요구하는 기능, 효용), 어디에서(장소), 언제(계절, 시기), 누가(구매자와 결정 프로세스), 어떻게(구매량, 빈도, 수단, 습관)'라는 6가지 관점에서 시장 실태를 파악하는 것이 중요하다.

이와 같이 시장을 세분화하여 그 중에서 하나 혹은 그 이상의 세분시장을 표적으로 하여 상품이나 마케팅 계획을 적용하려는 것이 표적마케팅 target marketing이다. 오늘날처럼 복잡하고 다양해진 고객의 욕구를 충족하려면 막대한 자금과 인력이 동원되어야 한다. 설령 자금과 인력을 동원했다 하여 불특정 다수의 모든 고객을 만족시키는 것은 불가능하다. 그러므로 실제로 이러한 표적시장을 선정하여 보다 유익한 마케팅 기회를 포착하는것이 효율적이다.

이러한 표적마케팅만이 외식업체로 하여금 표적시장에서 보다 효과적이고 능률적으로 상품, 가격, 촉진, 유통 등을 조정해 갈 수 있다.

표적시장의 선정은 자사의 자원능력과 시장의 특성에 따라 비차별화 마케팅, 차별화 마케팅, 집중화 마케팅, 미시 마케팅 등 4가지 유형의 전략 중에서 선택할 수 있다.

■ 비차별화 마케팅

비차별화 마케팅은 세분시장의 이질적인 욕구를 무시하고 전체 소비자들을 대상으로 하나의 마케팅 믹스를 적용하는 전략으로 대량 마케팅과 일치하는 전략이다.

■ 차별화 마케팅

여러 세분시장을 표적시장으로 삼아 이들 각각에 서로 다른 제품과 마케팅 믹스를 준비한다. 소비자의 욕구에 맞추어 다양한 가격으로 제공하고 복수의 유통경로를 사용하며 다양한 촉진을 실시함으로써 차별화 마케팅은 보다 많은 소비자들을 고객으로 확보하게 된다.

■ 집중화 마케팅

복수의 세분시장에 대하여 각각 적합한 마케팅 믹스를 개발하여 공략하는 전략으로 차별화에 따른 마케팅 비용이 많이 들기 때문에 자원과 기술력이 우수할 때만 가능하다. 비차별화 전략과 차별화 전략이 전체 시장을 표적시장으로 삼는 반면에, 집중화 마케팅은 가장 유리한 특정 세분시장만을 표적으로 선정하고 이에 적합한 마케팅 믹스를 개발하여 공략하는 방법이다.

3. 외식업 포지셔닝

표적시장을 선택하고 나면 기업은 자사제품을 표적시장에 어떻게 부각시켜 소비자들의 마음속에 자리 잡게 할 것인가를 해결해야 한다. 표적시장의 마음속에 자신의 존재를 정확히 자리매김 하는 것은 마케팅에서 포지셔닝 positioning(위치정립)이라고 부른다. 포지셔닝이라는 용어는 Ries와 Trout가 처음 사용한 표현으로, 표적시장 내의 고객들의 마음에 전략적 위치를 계획 · 정립한다는 의미이다. 기업 또는 몇몇 특징적 요소나 이미지를 부각시켜 이것을 고객의 마음에 분명히 인식시키는 것이다. 제품 포지셔닝은 소비자들이 경쟁회사의 상품과 서비스를 비교하여 자사의 상품과 서비스를 인지하고 있는 상태를 만들어내는 것이다. 기업은 표적시장에 내놓은 상품과 서비스를 경쟁적인 이점에 의해 소비자의 마음속에 좋은 이미지로 자리 잡도록 노력해야 한다.

다음은 시장세분화 및 포지셔닝 과정을 그림으로 나타낸 것이다.

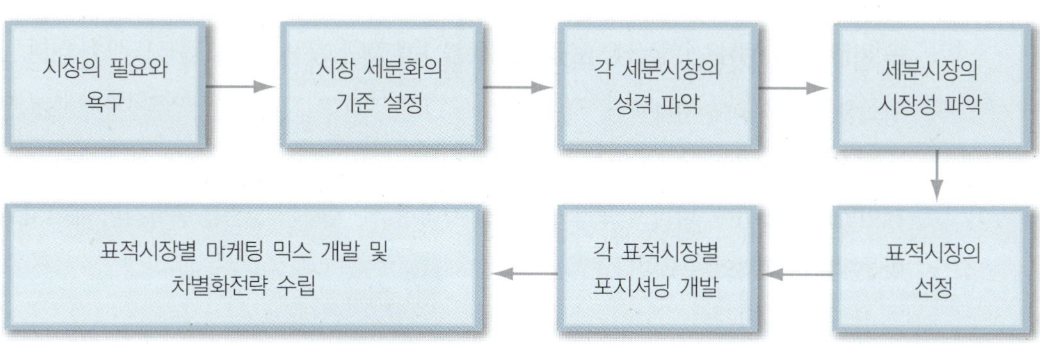

그림 4-1 시장세분화와 포지셔닝 과정

고객의 마음속에 정확히 자리 잡지 못한 외식업체는 고객의 기억에서 쉽게 사라진다. 우리 주변에도 하루가 다르게 새로 생겼다, 없어졌다를 반복하는 외식업체를 많이 볼 수 있다.

외식업체가 표적고객들의 마음속에 정확하게 자리를 잡기 위해서는 상품이 무엇으로 고객에게 알려지기보다는 어떤 편익을 주는 상품으로 인식되게 하느냐가 중요하다. 이를 성공시키기 위해서는 외식상품 개념의 개발이 무엇보다 중요하다. 어떠한 개념으로 고객에게 전달할 것인가? 놀부라는 외식업체는 한식체인을 어렵다는 고정관념을 깨고 우리 것을 가지고, 편안하고, 푸짐한 먹거리라는 개념으로 포지셔닝하였다.

이렇듯 외식산업에서의 포지셔닝이란 시장에 대한 외식업체의 종합적인 커뮤니케이션인 것이다. 고객의 마음속에 명확하게 자리 잡을 수 있는 커뮤니케이션 전략인 것이다. 각 업체의 의도대로 소비자의 마음속에 명확하게 자리를 잡기 위해서는 시장분석, 내부분석, 경쟁분석 등 명확한 분석을 통해 차별적이고 독창적인 이미지를 만들어내야 한다.

제3절 마케팅 믹스

외식 상품은 '이것이다'라고 한 마디로 규정하기가 어렵다. 상품의 종류도 방대할 뿐만 아니라 외식상품을 소비자 또는 생산자 중 어느 측면에서 보느냐에 따라서도 다르게 정의할 수 있기 때문이다.

외식산업의 상품은 제품Menu, 서비스(친절도), 시설(분위기) 등이 조화롭게 결합된 엔터테이먼트 상품이다. 따라서 표적시장을 잘 선정한 후, 자사의 상품을 종합적인 패키지로 만들어내는 작업이 필요하다.

1. 제품(Product)

좋은 제품은 마케팅의 핵심이다. 기업이 지속적으로 성장하기 위해서는 여러 기능을 가진 제품들이 다양하게 결합되어 있어야 하며 제품 및 제품구색을 끊임없이 수정해야 한다. 기업은 소비자 욕망의 종류나 양태를 시장조사를 통해 정확히 파악, 이를 충족시킬 수 있는 제품을 기획 · 개발 · 생산해야 한다. 특히 제품전략 면에서는 단순한 심리적 만족을 주는 외적 차별화보다는 품질수준을 높여주는 내적 차별화의 방향으로 기획 · 개발 · 신용도 개척이 이루어져야 한다.

외식산업에 있어 제품이란 메뉴와 서비스로서 고객의 생리적 · 심리적 · 사회적 필요와 욕구를 충족시킴으로써 고객의 생활을 유지 · 향상시켜 준다.

2. 가격(Price)

가격은 고객을 유치하는 데 있어서 매우 중요한 역할을 한다. 따라서 기업에서는 가격전략을 개발할 때 수요를 고려해야 하고, 생산과 마케팅 · 관리비용 · 경쟁의 영향 · 서비스 품질에 대한 고객의 지각과 그 비용에 대해 지각된 가치 등을 고려해야 한다.

가격은 기업이 비용을 보상해 주고 이익을 창출하는 기능을 갖고 있으며, 가격정책은 판매촉진의 한 수단이기도 하다. 이러한 가격 요소로는 표준가격, 할인가격, 지불기간 연장 이외에도 고객이 인식한 가치, 타사와의 차별화 등의 요소가 포함된다.

3. 장소(Place)

외식산업을 입지산업이라고도 하듯이 외식업에 있어 입지전략은 매우 중요한 요소가운데 하나이다. 이러한 입지선정 시 고려해야 할 요인으로는 고객동향 조사, 기존 점포 조사, 접근 가능성, 주변지역의 기능 파악, 주차 면적, 점유 조건 등이 있다.

4. 촉진(Promotion)

점포의 입지와 건물 및 매장, 전시 · 진열 등과 같은 구매환경, 상품화, 가격설정 활동 등이 합리적으로 수행되었다 하더라도 내점율이 낮으면 점포의 판매목표를 달성할 수 없게 된다. 지역상권 내의 거주자와 통근 · 통학자의 내점율을 높이고 이들을 실제적인 구매고객으로 하기 위해서는 사전판매 활동인 정보제공이 이루어져야 한다.

이와 같이 업소가 표적고객을 대상으로 특정 상품이 특정 장소에서 특정 가격에 판매되고 있다는 정보제공 활동을 하는 것을 촉진이라고 한다. 이러한 촉진활동의 수단으로는 광고와 인적판매, 판매촉진, 퍼블리시티, 구전 등이 있다.

제4장 식음료의 기본 서비스 실무

제1절 식음료 서비스

1. 식음료 서비스의 개념

우리의 삶 속에서 이제 서비스라는 용어를 접하지 않는 상품이란 존재하지 않는다. 아침에 배달되는 신문이나 우유를 시작으로 저녁에 잠자리에 들 때까지 서비스를 제공하지 않는 상품은 존재하지 않는다. 아울러 서비스의 개념도 역시 현대사회의 다양화에 따라 의미가 혼용되고 있는 것이 현실이다.

식음료 서비스의 개념은 호텔이나 레스토랑의 예를 들지 않아도 우리들이 매일 접하는 식당이라는 곳의 서비스를 말한다. 고객에 대한 식음료 판매행위와 그에 따른 모든 물적 · 인적 서비스를 제공하는 환대행위라고 할 수 있다.

과학기술의 발달로 모든 산업이 자동화되고 그로 인해 만들어진 상품들은 가치기준에 따라 판단될 수 있다. 하지만 환대 서비스는 고객의 사회적 · 경제적 계층에 따라 기호와 취향, 필요 욕구가 달라지므로 과학기술의 발달로 만들어진 다른 상품들과 비교할 수 없는 특수성을 지녔다. 식음료 서비스는 가치 판단에 한정을 둘 수 없는 무한한 것이므로 고객에게 항시 새롭게 부각될 수 있는 요인을 찾아 지속적인 개발 및 개선이 이루어져야 하며, 또한 수요창출의 극대화에 주력하여 고객의 욕구충족을 위한 최상의 상품을 구비하여 제공해야 한다.

이와 같이 식음료 서비스란 이용 가능한 자원이 사용가치를 실현하는 과정, 즉 경제주체에 대하여 유용한 노동을 하는 행동 개념으로서, 식음료 서비스는 영업효과의 극대화를 위하여 이용고객에게 헌신 봉사하는 자세라고 할 수 있다. 이러한 의미에서 'service'라는 용어를 다음과 같은 의미로 해석될 수 있다.

구 분	내 용
Service	미소는 세계 공통의 언어이며 낯선 사람이나 낯선 장소라도 고객이 편안하고 환영받는 것처럼 느끼게 한다.
Eye-Contact	고객에 대한 관심, 성실성, 환영을 표시하는 것이다.
Reaching Out	고객에 대한 환대를 의미하는 것으로 식당의 우수함과 단골고객을 창출한다.
Viewing	고객을 특별하게 여김을 나타내며, 고객들로 하여금 돈을 쓸 만한 가치가 있는 곳이라고 느끼게 한다.
Inviting	진실로 감사하다는 느낌으로 고객이 다시 찾을 수 있게 하면, 고객이 주위 사람들에게 자신이 받은 서비스를 선전하게 된다.
Creating	서비스를 창출하여 고객에게 최대한의 관심을 표시하며 고객 필요를 충족시켜 줄 수 있다.
Excellence	팀원들의 우수함을 나타내며 곧 고객에 대한 서비스의 우수함과 고객만족의 최고임을 뜻한다.

2. 식음료 서비스의 중요성

일반적으로 식음료 서비스를 제공하는 외식업을 창업하게 되면, 먼저 하드웨어적인 가게의 외형이나 인테리어 공사 등에 집중하고, 그 다음 메뉴에 대해 고민하고, 그에 맞는 시설투자나 설비 등을 갖춘다. 이렇게 다 갖추고 나면 그때서야 인력을 구성하여 서비스는 오픈하기 며칠 전부터 한두 번의 연습으로 식당을 오픈하는 경우가 대부분이다.

식음료를 판매하고 그에 대한 영업이익으로 운영하는 곳에서 종사원들의 고객 서비스는 매우 중요하며, 고객 지향적이며 경쟁적인 서비스는 식음료 사업의 성공 여부를 판가름하는 결정적인 요소가 된다. 또한 서비스와 관련해서 종사원들은 고객을 접하는 시점 또는 고객 서비스를 하는 전 과정에서 식당 상품의 일부분에 포함되어 있다. 이와 같은 서비스는 반드시 물적 상품의 서비스도 중요하지만 인적 상품의 제공이 수반되지 못하면 물적 상품의 가치를 격하시키며, 나아가서는 시설의 상품도 평가 절하시키는 결과를 가져온다.

식당을 구성하는 여러 요소 중 서비스 역시 매우 중요한 부분이므로, 전체적인 하드웨어 준비를 할 때부터 고려되어야 하는 사항이다. 또한 서비스란 사람에 의해 행해지는 행동이므로 종사원의 인적서비스 의존도가 매우 높다.

훌륭한 인적 서비스의 기본 5S는 다음과 같다.

- Smile – 미소 지은 얼굴
- Speed – 신속한 행동
- Sincerity – 마음에서 우러나오는 진실된 성의
- Smart – 다정하고 단정한 자세
- Study – 항상 연구하는 자세

3. 식음료 서비스 기본 요건

일반적으로 직업 중 가장 단순하고, 아무나 할 수 있는 직업이 식당의 서비스 종사원이라고 생각하는 경우가 일반적이다. 하지만 잘못된 생각이다. 식당 종사원으로서 먹는 음식을 취급하는 식당에서 서비스를 하기에 앞서 반드시 갖춰야 할 요건들이 상당히 많다.

특히 종사원으로서의 올바른 직업관과 정신자세를 갖도록 하여 접객 업무를 성실히 수행하는 데에 역점을 두어야 한다. 따라서 훌륭한 직업인이 되기 위해선 올바른 정신과 행동이 항상 일치해야 하며, 맡은 바 임무에 차질이 없도록 부단한 노력을 기울여야 한다.

다음의 사항은 식음료 서비스 종사원으로서 갖춰야 할 일반적 요건들이다.

■ 봉사성 Service

서비스는 환대산업의 주요 상품이다. 식음료 부문 종사원은 고객에게 형식에 치우친 사무적이고 수동적인 서비스를 해서는 안 된다. 항상 마음에서 우러나오는 최상의 친절 정신으로 고객 서비스에 임해야 한다.

■ 청결성 Cleanness

청결성은 공공위생 public sanitation과 개인위생 private sanitation으로 나눌 수 있다. 공공위생은 고객이 이용하는 공공장소와 제반시설 및 집기류 등의 청결상태에 고객이 불편을 느끼지 않도록 깨끗하게 유지해야 한다. 개인위생은 자기 자신의 청결을 의미하며, 철저한 위생관념으로 고객이 신선함과 쾌적함을 느낄 수 있도록 해야 한다.

■ 능률성 Efficiency

주어진 시간 내에 맡은 바 업무를 정확히 파악한 후 최대의 능력을 발휘하여 얻어낸 성과를 말한다. 즉, 모든 업무의 능률을 올리기 위하여 종사원들은 매사에 적극적이고 능동적인 자세로 일을 수행하며, 업무의 흐름을 숙지하여 효과적으로 일을 처리할 수 있도록 기능을 향상시켜야 한다.

■ 경제성 Economy

경제성이란 최소의 경비지출로 최대의 영업이익을 얻고자 함을 말한다. 모든 서비스 요원은 항상 절약정신과 주인의식을 갖고 직무와 관련하여 운영에 소요되는 고정경비와 변동경비의 지출을 최대한 절감하여 이익증대에 이바지해야 한다.

■ 정직성 Honesty

정직성이란 인간의 근본정신 중에 가장 참된 것이라 할 수 있다. 어느 누구에게라도 책임감 있는 행동을 취하여 신뢰받을 수 있도록 정직성을 생활의 신조로 삼아야 한다. 이러한 올바른 정신과 행동으로써 회사와 직원 사이에는 신뢰를 통한 원만한 협조체제가 형성되며, 고객 또한 종사원들의 올바른 마음가짐과 행동에 더욱 신뢰감을 갖게 되어, 회사의 명예를 높이고 아울러 영업신장과 지속적인 발전에 크게 기여한다는 것을 명심해야 한다.

■ 환대성 Courtesy & Hospitality

식당 서비스는 환대 정신을 가장 필요로 하고 중요시한다. 따라서 종사원들은 고객을 대할 때 항시 즐거운 마음으로 얼굴에 미소를 가득 담고 정중하고 반갑게 공손한 태도로 고객을 맞이해야 한다. 종사원의 예의 바른 접객태도와 충만한 서비스는 고객으로부터 아낌없는 칭찬과 서비스의 가치를 인정받을 뿐만 아니라, 그로 인하여 파급되는 선전효과로 새로운 고객확보 및 이용 빈도를 더욱 높여주는 계기가 될 수 있다.

또한 회사의 발전과 종사원 자신의 윤택한 생활에 직결되므로 절대 고객을 차별하거나 경시해서는 안 된다. 보편적으로 종사원의 환대 태도에 고객이 느끼는 감정은 아주 민감하고 평가 기준 또한 냉정하다. 따라서 종사원들은 고객이 온화하고 안락한 분위기 속에서 언제나 정성어린 환대를 받고 있다는 호감과 좋은 인상을 고객이 갖도록 하며, 수준 높은 서비스를 하기 위한 확고한 접객 태도를 확립하도록 부단한 노력을 기울여야 한다.

제2절 식음료 Serviceman의 실제적 요건

1. 바른 용모

식당 종사원의 복장과 용모는 그 식당의 이미지를 대표하며, 서비스 태도는 그 식당의 품위를 대변한다. 그러므로 종사원들은 근무에 임하기 전에 자신이 갖춰야 할 몸가짐을 점검하는 자세를 습관화하여 항상 고객에게 깨끗하고 단정한 인상을 주도록 한다.

식당의 서비스 요원은 자신의 용모와 신체 자체가 상품의 일부분이 된다. 고품질의 서비스 상품을 생산하기 위해서는 평소에도 자신의 신체를 잘 관리해야 한다. 서비스 품질관리 차원에서 감기에 걸려서도, 눈병에 전염되어서도 안 된다. 여름철에 해수욕장을 가더라도 너무 햇볕에 노출되어 피부가 상하는 것도 곤란하다. 또한 항상 청결을 유지해야 한다. 근무를 하기 전에 반드시 거울 앞에 서서 복장과 용모를 점검하는 습관을 길들여야 한다.

예절의 마음은 안에 있으나 그것이 표정으로 얼굴에 나타나고 몸가짐과 옷차림도 안에 있는 마음의 발현임은 더 말할 나위가 없다. 그러므로 몸가짐은 마음가짐과 표정 및 옷차림이 복합적으로 형상화되어 그것이 정지되고 움직임에 있어서 어떻게 하는 것인가를 말하는 것이다. 몸을 청결하게 하고 옷맵시를 깔끔하게 했더라도 몸가짐과 동작이 예의범절에 어긋나면 아무런 가치가 없다. 몸가짐은 행동예절의 기초가 된다. 따라서 평소에 곧고 바르고 공손한 습관을 들여야 남의 앞에서도 예의 바르게 행하게 된다.

2. 복장

1) 남자 종사원

(1) 두발

- 앞머리는 이마를 덮지 않도록 빗질하여 뒤로 넘긴다.
- 뒷머리는 와이셔츠 깃을 넘어서면 안 되며, 옆머리는 귀가 덮이지 않도록 단정히 깎아야 한다.
- 비듬과 불쾌한 냄새를 예방하기 위해 매일 머리 손질을 한다.
- 항상 머릿기름을 바르고 드라이를 하며, 파마를 해서는 안 된다.

(2) 얼굴

- 면도는 매일 하여 깔끔한 상태를 유지한다.
- 옆머리가 귀 아래로 내려오지 않도록 깎아야 하며, 코털이 밖으로 나오지 않도록 잘라야 한다.
- 얼굴의 종기, 상처 등은 신속히 치료한다. 반창고 등을 붙이고 영업장에 나가지 않도록 한다.
- 시력이 좋지 않은 종사원은 가능한 한 안경보다 콘택트렌즈를 착용토록 한다.
- 식사 후에는 반드시 양치질을 하고, 입 냄새가 있는 사람은

적절한 조치를 취한다.

(3) 손

- 손은 항상 깨끗이 씻어 청결을 유지하고, 상처 난 손으로 서비스에 임해서는 안 된다.
- 손톱은 반드시 짧게 깎고, 불순물이 끼지 않도록 가꿔야 한다.
- 근무중에 손으로 코를 후비거나 머리 · 얼굴 · 입 등을 만져서는 안 되며, 또한 반지를 끼어서도 안 된다.

(4) 제복

- 유니폼은 소중하게 깨끗이 보관하고, 다림질이 잘된 것으로 착용한다.
- 얼룩이 지거나 더러워졌을 때는 즉시 교환하여 착용한다.
- 단추가 떨어졌거나 바느질이 터진 곳은 반드시 수선하여 입도록 한다.
- 착용 시 먼지, 비듬 등이 묻어 있어서는 안 된다.
- 명찰은 옷깃에 가리지 않도록 하며, 왼쪽 정위치에 반듯하게 패용한다.
- 주머니가 불룩하면 보기 흉하므로 불필요한 물건은 넣지 않도록 한다.
- 만년필이나 볼펜은 항상 안쪽 주머니에 넣고, 바깥 주머니에 꽂지 않도록 한다.

(5) 와이셔츠

- 회사에서 지급된 것으로 입고, 다림질이 잘된 것으로 착용한다.
- 소매 끝, 깃 등이 더러운 와이셔츠를 입어서는 안 된다.
- 옷자락이 바지 바깥으로 보여선 안 되며, 소매 길이는 3~5cm 정도 유니폼 소매보다 조금 더 긴 것이 알맞다.

(6) 구두와 양말

- 항상 깨끗하게 광택이 나도록 손질한 검정 단화를 착용하고 절대 구겨 신어서는 안 된다.

- 모양이 야하거나 장식이 달린 복잡한 구두는 신지 않도록 한다.
- 구두 밑창이 떨어졌거나 뒷굽이 닳은 것은 고객에게 좋지 못한 인상을 주므로 수선하여 신도록 한다.
- 양말은 검정색을 착용하고 매일 깨끗한 것으로 갈아 신도록 한다.

2) 여자 종사원

(1) 두발

- 여자의 머리형은 얼굴 형태에 맞게 하며 요란스럽지 않도록 꾸민다.
- 앞머리는 얼굴에 흘러내리지 않게 손질하며, 뒷머리는 블라우스 깃을 덮지 않게 올려 묶거나 짧게 깎아 활동하기 편하도록 한다.
- 고객에게 불쾌감을 유발시키는 요란한 파마를 해서는 안 되며, 검정 이외에 다른 색으로는 염색하지 않도록 한다.
- 헤어밴드는 지정된 것으로 깨끗한 것을 착용하며, 정확한 위치에 반듯하게 매어져 있는지 수시로 확인한다.

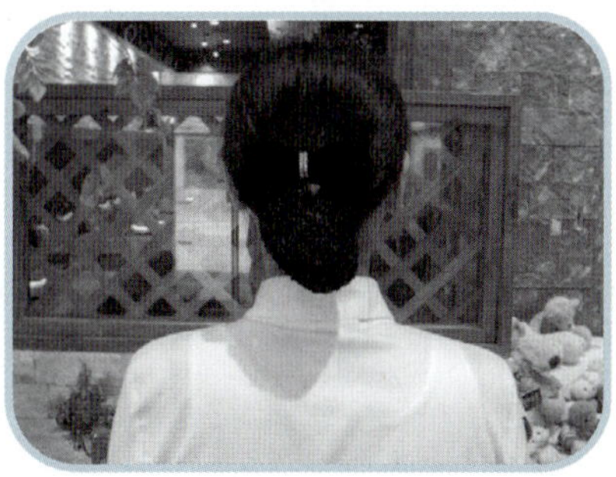

(2) 얼굴

- 화장은 밝고 자연스럽게 하며, 야하거나 진한 화장을 하지 않도록 한다.
- 눈화장은 자연스런 색상이어야 하며, 속눈썹을 달아서는 안 된다.

- 윤이 나는 립스틱과 짙은 색의 루주를 사용해서는 안 되며, 엷고 자연스런 색상을 사용한다.
- 향이 강한 향수나 화장품은 사용해서는 안 되며, 근무중에 귀걸이 · 목걸이를 착용해서는 안 된다.
- 식사 후에는 반드시 양치질을 하고, 입 냄새가 있는 사람은 적절한 조치를 한다.

(3) 손

- 손은 항상 깨끗이 씻어 청결을 유지하고, 상처 난 손으로 서비스에 임해서는 안 된다.
- 손톱은 반드시 짧게 깎고, 불순물이 끼지 않도록 가꿔야 한다.
- 근무중에 손으로 코를 후비거나 머리 · 얼굴 · 입 등을 만져서는 안 되며, 또한 반지를 끼어서도 안 된다.

(4) 제복

- 유니폼은 소중하게 깨끗이 보관하고, 다림질이 잘된 것으로 착용한다.
- 얼룩이 지거나 더러워졌을 때는 즉시 교환하여 착용한다.
- 단추가 떨어졌거나 바느질이 터진 곳은 반드시 수선하여 입도록 한다.
- 착용 시 먼지, 비듬 등이 묻어 있어서는 안 된다.
- 스커트 길이는 회사에서 지급된 표준 사이즈를 지키고, 임의로 올리거나 내려서 착용해서는 안 된다.
- 에이프런은 다림질이 잘된 것을 사용하고, 매듭은 보기 좋게 묶어 깨끗이 착용한다.
- 주머니가 불룩하면 보기 흉하므로 불필요한 물건은 넣지 않도록 한다.
- 명찰은 옷깃에 가리지 않도록 하며, 왼쪽 정위치에 반듯하게 패용한다.
- 롱스커트나 바지의 경우 밑단이 질질 끌리지 않도록 길이를 잘 맞추어 착용하고, 더러워지면 수시로 교체하여 깨끗이 입도록 한다.

(5) 블라우스

- 회사에서 지급된 것으로 입고, 다림질이 잘된 것으로 착용한다.
- 소매 끝, 깃 등이 더러운 블라우스를 입어서는 안 된다.
- 옷자락이 스커트 바깥으로 보여선 안 되며, 소매 길이는 3~5cm 정도 유니폼 소매보다 조금 더 긴 것이 알맞다.

(6) 구두와 양말

- 항상 깨끗하게 광택이 나도록 손질한 검정 단화를 착용하고 절대 구겨 신어서는 안 된다.
- 모양이 야하거나 장식이 달린 복잡한 구두는 신지 않도록 한다.
- 구두 밑창이 떨어졌거나 뒷굽이 닳은 것은 고객에게 좋지 못한 인상을 주므로 수선하여 신도록 한다.
- 스타킹은 짙은 색상을 피하고 엷은 살색을 착용하며, 스타킹이 흘러내리거나 올이 나가지 않은 것으로 신는다.

3. 표정

표정이란 우리의 외형적 모습이 어떠한 의미를 나타날 때를 말한다. 의사소통에 있어서 말을 사용하여 자기 의사표현을 하지만 표정을 통해서도 말하는 이의 마음을 읽을 수 있다.

표정은 심리 상태의 표출로서 상대에게 심리적 영향을 미친다. 역으로 생각하면 표정을 통해 상대의 마음을 읽을 수 있다는 말이다. '입으로는 거짓말을 할 수 있지만 표정은 거짓말을 하지 않는다.' 는 말처럼 '얼굴로 표현되는 의미' 인 표정은 나의 마음, 심리 상태의 거울이 될 수 있다. 즉, 상대가 어두운 표정을 짓는다면, 나의 표정이 어둡기 때문일 가능성이 높다. 대다수의 사람들이 처음 사람을 대할 때 얼굴부터 보고 그 이미지를 새기게 된다. 얼굴은 외모의 핵심이며, 가장 표현력이 풍부한 신체 부위이다.

1) 표정의 중요성

서비스 마인드는 표정으로 표출된다. 밝은 표정은 호감을 생성하는 만국 공통의 언어로서, 서비스맨의 기본이며 의무이다.

- 표정은 첫인상first impression에 작용하여 이미지를 결정짓는다.
- 첫인상이 좋아야 그 이후의 대면이 가능하며 호감을 형성할 수 있다.
- 밝은 표정은 인간관계의 기본이다. 밝은 표정은 환영을 의미하고, 자신감을 갖게 해주며 소극적인 감정을 치료해준다.
- 상대방의 표정은 나의 책임이다. 나의 표정이 밝고 환하면 보는 이로 하여금 즐겁게 만드는 효과가 있다.

2) 밝은 표정의 효과

- 마인드 컨트롤: 밝은 표정을 지으면 내 기분이 좋아진다.
- 감정 이입 효과: 내 기분은 상대의 기분까지 좋게 만든다.
- 건강 증진 효과: 위장병의 치유
- 신바람 효과: 상호간의 밝은 표정은 업무의 효율을 증진시킨다.
- 호감 형성: 표정은 내 것이지만 내가 보는 것이 아니라 상대에게 보이는 것이다.

3) 표정의 체크 포인트

- 자신의 웃는 표정이 마음에 드는가?
- 자신의 얼굴을 웃는 얼굴로 바꾸고 싶은 생각은 없는가?
- 자신의 웃는 얼굴에 대해 칭찬받은 적이 있는가?
- 웃을 때 입을 가리는 버릇은 없는가?
- 사진을 찍거나 사람을 대할 때 자연스러운 미소를 지을 수 있는가?

- 자신의 표정이 다양하다고 생각하는가?
- 자신의 표정관리 수준은 어느 정도인가?

4) 좋지 못한 표정

- 무표정한 얼굴은 상대방에게 불필요한 긴장감과 거리감을 유발한다.
- 입을 일자로 굳게 다문 표정.
- 미간에 주름을 세우는 표정은 상대에게 어둡게 비친다.
- 코웃음 치는 것 같은 표정은 상대방의 기분을 상하게 한다.
- 눈을 부릅뜬 표정은 상대방이 두려움을 느끼게 한다.

5) 시선 처리

눈은 '마음의 창'이라는 말이 있듯이, 눈과 눈빛으로 그 사람을 평가하기도 한다. 눈의 표정에 생기가 있는 사람은 자신감이 있어 보이고, 밝아 보여서 호감을 준다.

- 자연스럽고 부드러운 시선으로 상대를 본다. 이는 우호적인 태도로서 호감을 형성한다.
- 상대의 눈을 보는 것이 중요하다. 눈만 빤히 쳐다보면 상대가 불편해 하므로 눈과 눈 사이인 미간과 코 사이를 번갈아 보는 것이 좋다.
- 가급적이면 상대와 눈높이를 맞춰야 한다.
- 눈을 위로 치켜뜨거나 아래 · 위로 훑어보지 않는다.
- 곁눈질을 하지 않는다.
- 눈을 너무 자주 깜빡거리는 것은 좋지 않다.

6) 표정 만들기

운동 전후에 스트레칭이 필요하듯이 좋은 표정을 만들기 위해서 얼굴 스트레칭이 필요하다. 풍부한 표정을 익히기 위해서는 평상시에도 연습하는 것이 무엇보다 중요하다.

- 평소에 거울을 자주 보는 습관을 갖는다.
- 밝고 명랑한 마음, 여유 있는 마음을 갖도록 한다.
- 환한 표정을 짓기 위한 훈련을 지속적으로 시행한다.

7) 표정 관리를 위한 얼굴 체조

■ 눈썹

반가움이나 감사 또는 사죄 등의 진심 어린 감정 표현을 위해서는 눈썹의 움직임부터 자연스러워야 한다.

① 눈썹을 올리고 미간에 힘을 주었다 풀어준다.

② 검지를 이용해 눈썹 밑에 한일자로 살짝 대고 눈썹만 올렸다 내렸다 한다.

■ 눈

무표정의 시작이 되는 경직된 눈의 느낌을 자연스럽게 이완시켜 준다.

① 먼저 조용히 눈을 감고 긴장을 푼다.

② 마음이 안정되면 눈을 떠서 정면 위치의 눈동자를 위로 끝까지 올린다.

③ 원위치로 돌아와 잠시 눈을 감았다가 뜬다.

④ 정면 위치의 눈동자를 아래로 끝까지 내린다.

⑤ 원위치로 돌아와 잠시 눈을 감았다가 뜬다.

⑥ 정면 위치에서 눈동자를 왼쪽으로 끝까지 보낸다.

⑦ 원위치로 돌아와 잠시 눈을 감았다가 뜬다.

⑧ 정면 위치에서 눈동자를 오른쪽으로 끝까지 보낸다.

⑨ 원위치로 돌아와 잠시 눈을 감았다가 뜬다.

⑩ 눈동자를 위에서부터 원을 그리며 시계방향/시계반대방향으로 천천히 돌려준다.

⑪ 원위치로 돌아와 잠시 눈을 감았다가 뜬다.

■ 눈두덩

① 눈두덩에 힘을 주어 꼭 감는다.

② 깜짝 놀란 표정으로 눈과 눈두덩을 위로 올린다.

③ 오른쪽 눈과 왼쪽 눈을 번갈아 가며 윙크하듯 약간 강하게 감는다.

■ 코

웃는 눈과 입을 위해 연결 근육인 코의 근육을 이완시켜 준다.

① 좋지 않은 냄새를 맡는 것처럼 코에 주름이 잡히도록 찡그린다.

② 다시 편다.

③ 콧방울을 크게 부풀린다.

④ 힘을 뺀다.

■ 입과 뺨

① 단전에 힘을 주고 최대한 입을 벌리며, '아, 에, 이, 오, 우' 순서대로 발음한다.

② 입을 크게 벌렸다가 다시 다물고 입술은 다문 채 뺨을 부풀린다.

③ 부풀린 상태에서 상하좌우로 움직여준다.

■ 입술

① 입술을 오므려 '쪽' 빨아들이듯 볼을 끌어당긴다.

② 입술 전체를 최대한 왼쪽 볼 쪽으로 이동시킨다.

③ 정면으로 원위치 한다.

④ 입술 전체를 최대한 오른쪽 볼 쪽으로 끌어당긴다.

⑤ 정면으로 원위치 한다.

⑥ 입술에 힘을 빼고 윗입술과 아랫입술이 진동하도록 바람을 길게 뱉어낸다.

■ 턱

① 턱 전체가 아래로 당겨지도록 입을 벌린다.

② 아래턱을 좌우로 움직인다.

4. 미소

좋은 표정은 멋진 미소와 동반될 때 훨씬 효율적이다. 아이들의 울음과 웃음을 살펴보면 웃음의 메커니즘을 알 수 있다.

선천적으로 시각이나 청각에 장애를 가지고 태어난 아기도 학습이나 단순한 흉내를 내는 행동으로 웃지 않고, 자연스럽게 웃을 수 있다. 이는 사람이 감정을 표현하는 여러 가지 표정 중 미소를 짓거나 웃는다는 것이 선천적인 요소라는 것을 잘 표현해주는 관찰이다. 사람들이 짓는 표정 중에서 얼굴을 찡그릴때는 64개의 얼굴 근육이 움직이는 데 반해, 웃을 때는 13개 정도의 근육만 움직인다. 이는 웃거나 미소 짓는 것이 선천적인 요소라는 것을 의미한다.

사람은 생후 2~3개월부터 웃기 시작하여 자라면서 웃음의 횟수가 급작스럽게 증가해서 취학 전후에 1일 300~400회로 최고조에 이르고, 성인이 되면서 1일 15~40회로 줄어들고, 장년이 되면 6~14회 정도로 줄어든다. 웃음을 생리적으로 분석하면 뇌의 특정 부위를 자극한 결과인데, 나이가 들면서 웃음이 줄어드는 것은 외부환경이라는 자극요소가 작용한 것으로 보인다.

얼굴을 이용하여 밝고 매력적인 웃음을 연출하기 위한 근육 훈련법으로 자신의 표정과 웃음을 만들도록 한다. 모나리자의 미소를 떠올리며 눈과 코는 그대로 둔 채 입꼬리만 살짝 올려보면 눈까지 함께 웃는 모습으로 보인다.

■ 워밍업

① 턱 내밀기 : 턱을 바깥쪽으로 내밀어 어깨가 울릴 때까지 한다.

② 풍선 불기 : 풍선 부는 모양으로 볼을 부풀린 후 좌우로 이동한다.

③ 눈동자 굴리기 : 눈썹 위에 검지를 수평하게 한 후 눈동자로 큰 원을 그린다.

④ '하, 히, 후, 헤, 호' 체조

허리를 바로 세우고 호흡을 가다듬은 후 목의 긴장을 풀고 시행한다.

하 : 턱이 움직일 수 있도록 입을 크게 벌려 소리 낸다.

히 : 입꼬리를 한일자로 힘껏 당겨 큰소리로 '히' 소리를 내며 얼굴 근육을 긴장시킨다.

후 : 촛불을 불어 끄는 느낌으로 입술을 앞으로 내밀고 소리 낸다.

헤 : 입꼬리를 의식하며 힘을 주어 위로 올리며 소리 낸다.

호 : 입술을 뾰족하게 내밀며 소리낸다.

연속하기 : 하하하, 히히히, 후후후, 헤헤헤, 호호호 (3~5회 반복)

■ 웃음 만들기

① 참새 체조 : 잎을 뾰족하게 내밀며 세로로 길게 벌린다.

② 한우 체조 : 황소가 여물을 씹는 모양으로 턱을 가볍게 돌린다.

③ 복어 체조 : 볼이 부풀어 오른 복어를 연상하며 시행한다.

④ 개 체조 : 혀를 길게 뺀 채 숨 쉬는 개를 연상하며 시행한다.

■ 웃음 보조 체조

① 끄덕끄덕 체조 : 8박자에 맞추어 고개를 천천히 숙였다가 뒤로 젖힌다.

② 도리도리 체조 : 8박자에 맞추어 고개를 천천히 좌우로 움직인다.

③ 테크노 체조 : 몸에 힘을 뺀 채 자유롭게 온몸을 움직인다.

■ 표정 만들기

① 깜짝 놀란 표정

입술을 가볍게 다문 후 눈을 깜짝 놀란 표정으로 크게 뜬다. 이때 양손과 볼, 목 뒤를 가볍게 두드린다.

② 입 벌려 하늘 보기

크게 입을 벌리면서 목을 천천히 뒤로 젖히는 자세이다. 목덜미가 시원해지면서 전신에 활력을 준다. 목을 뒤로 젖힐 때는 천천히 시행하여 부상 방지에 주의한다.

③ 입술 당기기 1

입술을 한쪽으로 힘껏 끌어당기고 어금니를 꽉 문다. 좌우를 반복한다.

④ 입술 당기기 2

윗입술과 아랫입술을 동시에 양 옆으로 힘껏 당기고 이에 힘을 준다.

⑤ 입술 좌우 이동

입술을 오므려 앞으로 내밀고 좌우로 움직인다. 입 주위와 볼의 근육 움직임이 느껴질 때까지 한다.

■ 입꼬리 올리기

① '위스키' 또는 '와이키키' 한 상태에서 약 10초 정도 그대로 유지한다. 다시 제자리로 돌아와 긴장을 푼 후 되풀이한다.

② 나무젓가락 물기

거울 앞에서 윗입술 · 아랫입술의 힘을 빼고 나무젓가락을 한일자로 가볍게 문다. 젓가락보다 입꼬리가 위로 좌우 균등하게 올라가도록 웃는 모양으로 입꼬리를 올린 후 그대로 유지하는 연습을 한다.

제3절 접객 서비스 기본자세

1. 인사(人事)

인사는 한자 표현인 '人事'의 의미처럼 '사람이 마땅히 해야 할 일', '사람을 존중하는(섬기는) 일'이라는 뜻이다. 이는 인간관계의 기본이며 사람이 가장 사람다울 수 있게 하는 아름다운 행위이다. 따라서 무엇보다 중요한 것이 인사하는 마음가짐이므로 상대를 존중하는 마음으로 인사를 해야 한다.

인사는 상대방에 대한 우호적 감정의 표현으로 과거에는 상대로 하여금 공격적인 마음의 상태나 적대감을 상쇄시키는 의미로 사용된 자기 보호의 수단이기도 했다. 실제로 일본인들의 바른 인사성 역시 사무라이 문화에서 자신을 보호하기 위해 상대에게 적개심을 보이는 대신 호감을 생성하려는 문화의 표현 양식이라고 한다. 인사는 인간관계에 있어서 시작과 끝을 장식하는 것이며, 서비스의 첫 동작이자 마지막 동작이다.

1) 인사의 의미

- 마음에서 우러나오는 만남의 첫걸음이며 마음가짐의 외적 표현이다.
- 인간관계의 시작이고 끝이다.
- 서비스맨의 척도이며 기본이다.
- 마음의 문을 여는 열쇠이다.
- 상대에 대한 존경심의 표현이며 친절하겠다는 약속의 표현이다.
- 상대에게 줄 수 있는 첫 번째 감동이다.
- 직장인에게는 애사심의 발로이고, 상사에 대한 존경심의 표현이며, 동료 간의 우애의 상징이고, 고객에 대한 서비스정신의 표현이며, 자신의 인격과 교양을 표현하는 것이다.

2) 인사의 중요성

인사는 상대를 존중하는 마음과 호감을 드러내는 표시이다. 인사는 마음에서 우러나는 친절의 표시로서 즐겁고 명랑한 사회생활과 원만한 대인관계의 기초를 이루는 것이다. 인사는 상호간에 나누는 것을 원칙으로 하며 상대의 답례에 따라서 하는 것보다는 자신이 먼저 행하는 데 의의가 있다. 서비스가 훌륭하다고 평가되는 곳을 보면 인사를 잘한다는 공통점을 갖는다. 이처럼 서비스맨에게는 서비스의 척도가 인사이며, 인사도 제대로 못하는 사람에게 훌륭한 서비스를 기대할 수는 없는 것이다.

인사는 단순한 동작이지만 많은 의미를 내포한 중요한 의식인 만큼 바른 자세로 마음을 담아 밝은 미소와 함께 건네야 한다.

잘못된 인사	올바른 인사
망설이다가 하는 인사	내가 먼저 하는 인사
고개만 까딱하는 인사	허리를 굽혀 하는 인사
무표정한 인사	밝은 표정의 인사
눈을 마주치지 않는 인사	상대와 눈을 맞춘 인사
말로만 하는 인사	마음을 담은 인사
기본 인사말만 하는 인사	인사를 잘 받는 것도 인사

(채용식 외. 매너학, 2001)

3) 인사의 시기와 상황

- 일반적으로 30보 이내(인사하려는 대상과 방향이 다를 때)
- 이상적인 거리는 6보 전방(인사 대상과 방향이 마주칠 때)
- 측면에서 나타나거나 갑자기 만나게 됐을 때는 즉시 인사한다.
- 화장실이나 사우나 안에서는 인사말을 생략하고 목례로 인사를 대신한다.

4) 인사의 구분

일반적으로 인사는 15~30도 사이에서 상대와 상황에 따라 적당히 활용해야 한다. 여기서 각도란 머리의 각도가 아닌 허리의 각도를 말한다. 90도 인사는 배례라 하며 가장 정중한 인사이나 의식 인사이므로 일상생활에서는 사용하지 않는다. 일상생활에서는 45도 인사가 정중한 인사인 만큼 그 이상의 각도로 하는 인사는 같은 의미를 내포한 동작이라고 볼 수 있다.

■ 최경례(정중한 인사)

- 가장 공손한 인사이다.
- 감사, 사죄, 국빈, 국가의 원수, 집안 어른 결혼식 등에 시행한다.
- 상체를 45도 정도 숙여 인사하며, 눈은 자신의 발 앞을 향한다.

■ 보통례(보통 인사)

- 일상생활에서 어른이나 상사를 만났을 때 한다.
- 상체를 30도 숙여 인사하며, 시선은 1미터 앞쪽을 바라본다.

■ 목례(반 경례)

- 평교지간, 아랫사람의 인사에 대한 답례, 복도에서 두 번 이상 만난 어른, 공간이 좁아서 제대로 인사할 수 없을 때, 낯선 어른에게 하는 인사이다.
- 가벼운 인사로 약 15도의 각도로 허리를 굽히면서 시선은 발끝 2~3m 앞에 둔다.

■ 최경례

■ 보통례

■ 목례

5) 인사의 자세

- 표정 : 밝고 환한 표정으로
- 시선 : 존중하는 마음을 담은 눈으로
- 고개 : 반듯하게 들고
- 턱 : 자연스럽게 당기고
- 어깨 : 힘을 빼고 균형을 유지

- 무릎과 허리 : 무릎에 힘을 주고, 허리는 곧게 펴고
- 입 : 미소를 지으며
- 손 : 양손은 가볍게 주먹을 쥐고 바지 옆선에 붙인다. (여성은 공수)
- 발 : 발꿈치는 붙이고 발끝은 10시 10분 (여성은 11시 5분)
- 머리만 숙이지 말고 허리와 일직선이 되도록 숙인다.
- '안녕하십니까?' '반갑습니다.'라는 인사말과 함께 한다.
- 인사 전후로 상대방의 시선에 자연스럽게 초점을 맞춘다.
- 상대와 상황에 맞는 각도로 허리를 숙이며 인사말을 덧붙인다.
- 가장 정중한 인사의 경우 3초(15도 인사)~4초(45도 인사)의 시간이 소요된다.

6) 인사의 5단계

① 바른 자세로 서서 Eye-Contact

② Smile

③ 적당한 인사말과 함께 인사한다.

④ 하나, 둘, 셋 천천히 상체를 일으킨다.

⑤ 다시 바른 자세로 Eye-Contact을 하며 미소 짓는다.

7) 상황에 따른 인사

(1) 서 있을 때

① 4박자 인사법에 따라 하나에 숙이고 둘에 멈추고 셋, 넷에 천천히 든다.

② 상체를 허리부터 숙인다. (1초간)

③ 잠시 멈춘다. (1초간)

④ 천천히 허리를 편다. (2초간)

(2) 걸을 때

① 상대방과 2~3cm 정도의 지점에 이르렀을 때 한다.

② 상대를 향해 기본 자세를 갖춘 후 인사한다.

③ 상급자인 경우에는 상급자가 지나간 후에 움직이도록 한다.

(3) 계단에서

① 계단에 발을 딛기 전에 목례로 간단한 예의를 갖춘다.

② 계단에서 상사를 만나게 될 때는 가벼운 목례를 한 후 옆으로 비켜서 있다가 상사가 계단을 올라왔을 때 인사한다.

③ 사선 걸음으로 계단을 통과한 후 상대 앞에서 기본 자세를 갖춘 후 인사한다.

(4) 앉아 있을 때

① 허리를 곧게 펴고 바른 자세로 앉아서 한다.

② 4박자 인사법을 실행한다(15~25도 인사).

(5) 거수 경례

- 하급자는 상급자보다 먼저 시작하고 늦게 끝낸다.
- 다섯 손가락을 가지런히 붙여 오른쪽 눈썹이나 모자챙의 우측 1/4 지점에 닿도록 붙인다.
- 주목 경례 : 단체 경례 시 국기나 대상을 향해 공경하는 마음으로 주목한다.

8) 올바른 인사말

(1) 직장에서의 인사

- 사내에서는 시간, 장소, 횟수에 관계없이 항상 적절한 인사말을 교환한다.
- 출근 시 : "안녕하십니까?", "안녕하세요?"라는 인사말을 한다.
- 퇴근 시 : "먼저 실례하겠습니다. 내일 뵙겠습니다. 안녕히 가십시오."라는 인사말을 한다. (상사에게 '수고 하십시오'라는 인사말은 사용하지 않는다.)
- 근무 중 다시 보게 될 경우 가벼운 목례를 한다.

• 상사에 대한 아침 첫인사는 기립 인사가 원칙이다.
• 근무 중 자기 사무실에 타 부서의 상사가 들어오거나 나갈 때는 일어서서 정중하게 인사한다.
• 아랫사람이 잘 모르고 지나칠 때는 윗사람이 먼저 정답게 인사하는 것이 좋다.

(2) 방문객에 대한 인사

① 먼저 발견한 사람이 인사한 후 용무를 묻고 안내한다.
② "어서 오십시오, 어느 분을 찾으십니까?"라는 인사말을 건넨다.
③ "곧 오실 겁니다. 앉아서 잠시 기다리시지요?"라는 말로 방문객이 편안한 마음으로 기다릴 수 있도록 한다.
④ 자신을 찾아온 방문객에 대해서는 반드시 자리에서 일어나 "어서 오십시오, 기다리고 있었습니다."라고 반갑게 인사한다.
⑤ 방문객에게 소파나 의자에 앉도록 권한다.

(3) 업무관련 인사

• 업무를 요청할 때는 정중한 어조로 "부탁드리겠습니다. 해주시면 고맙겠습니다."라는 인사말로 협조를 요청한다.
• 업무협조가 이루어졌을 경우 "감사합니다, 수고하셨습니다." 등의 인사를 한다.
• 고의가 아니더라도 피해를 주었을 경우나 실수를 했을 경우에는 "죄송합니다. 미안합니다. 실례했습니다." 등의 사과의 말과 함께 인사한다.

(4) 기타

• 환영하는 마음 (어서 오십시오)
• 밝은 마음 (안녕하십니까?)
• 상냥한 마음 (네)
• 위로하는 마음 (수고하셨습니다)
• 사과하는 마음 (미안합니다)

- 겸허한 마음 (덕택에)
- 감사하는 마음 (고맙습니다)

2. 대기 자세

접객 서비스 시 기본이 되는 '대기'라는 것은 고객이 오는 것을 기다리는 것이기도 하고, 또 오신 고객에게 "어서 오십시오"라고 준비된 인사를 하기 위한 준비 자세이다.

1) 대기의 기본 원칙

■ 정위치를 정한다.

영업을 하는 접객업소에서 정위치라는 것은 자기의 맡은 구역이나 카운터에서 모든 것을 볼 수 있는 장소로, 고객에게 재빨리 접근할 수 있는 가장 편리한 위치, 즉 수비할 수 있는 위치이다.

■ 접대하는 조직을 만든다.

고객이 혼잡한 정도에 따라 서비스맨의 수나 정위치를 정하는 것으로, 이 인원구성을 서비스조직이라고 한다. 즉 서비스조직이 제대로 편성되어 있지 않으면 종사원의 효율적인 움직임은 기대하기 어렵다.

■ 정위치를 지킨다.

정위치를 지킨다는 것은 접객이 시작되어 고객에게 서비스를 조직적으로 하게 되고, 접객이 끝나면 원위치로 돌아와 자리를 지키는 것이다. 이것이 지켜지지 않으면 대기 그 자체의 기본이 흐트러져 버린다. 따라서 서비스 형태가 어떠한 조직으로 구성이 되어도 고객의 흐름으로 보나 업장의 상태로 보나 반드시 팀원이 대기하고 있을 필요가 있다.

■ 바른 자세로 고객을 기다린다.

아무리 서비스 조직이 잘 되어 있고 정위치가 지켜져도 대기 자세가 흐트러지면 그 효과를 거두지 못한다. 바른 대기 자세는 양발을 가지런히 모으고 정위치에 서는 것이고 항상 고객에게 접근할 수 있는 자세이다. 고객에게서 불쾌한 상태라고 가장 많이 지적받는 대기 자세는 하품을 하고 있거나, 2~3인이 모여서 잡담을 하는 것, 손님에게 등을 돌리고 소리 내어 웃으며 전화를 걸고 있는 것 등이다. 고객의 복장이나 가지고 있는 물건을 아래위로 쳐다본다거나, 또는 고객을 곁눈으로 보면서 팀원들과 속삭거리는 귓속말을 하는 것은 절대 금물이다.

■ 고객을 항상 의식한다

팀원이 영업장에 서 있으면 무대에 서 있는 배우와 같다. 따라서 무대의 배우와 같은 마음가짐으로 언제 어느 쪽에서 보여도 상관없도록 고객을 의식하고 있는 것이 중요하다.

2) 대기 시 주의 사항

- 뒷짐을 지거나 팔짱을 껴서는 안 된다.
- 팀원 간의 사담이나 고객과의 장시간 대화는 피한다.
- 대기 중에는 얼굴이나 머리 등에 손을 대지 않는다.
- 기침, 재채기, 고음 등을 내어서는 안 된다.
- 고객을 손가락으로 가리키거나 평을 하여서는 안 된다.
- 대기 시 위치는 홀 전체나 각 업장을 전부 볼 수 있는 곳으로 한다.
- 대기 중 몸을 비틀거나 벽에 기대거나 혀를 내밀거나 의자에 손을 얹어서는 안 된다.

■ 남자 대기 자세

■ 여자 대기 자세

3. 선 자세

고객과 대화를 나누면서 몸을 흔들거리거나, 손장난을 한다거나, 발을 놀리는 것 등은 좋지 않다. 머리를 숙이거나 뒤로 젖히는 것도 좋지 않다. 남성 종사원은 차렷 자세로 자연스럽게 서는 것이 좋고, 여성 종사원은 두 손을 앞으로 배꼽 위치에 모아 다소곳이 서는 자세가 좋다.

- 서 있을 때에는 허리와 가슴을 펴고 머리를 곧게 세워 늠름한 자세를 취하는 것이 아름답다.
- 바른 자세를 가지려면 목과 허리를 단련하여 등뼈를 곧게 펴고, 머리에서 발끝까지 일직선이 되도록 한다.
- 뒤 발꿈치를 붙이고, 두 발의 각도는 45도로 벌린다.
- 입은 가볍게 다물고, 양팔은 자연스럽게 옆으로 내린다.
- 턱은 가볍게 끌어당기며, 시선은 정면을 향하고, 표정은 밝게 한다.

• 손가락은 모아서 재봉선에 붙인다.
• 윗사람 앞에서는 두 손을 허리높이에서 앞으로 마주잡는 겸손한 자세를 취하는 것이 좋다

선 자세 때의 주의 사항은 다음과 같다.
• 무릎을 벌리고 어깨를 올린 채 서지 말아야 한다.
• 턱이 앞으로 지나치게 나오지 않도록 한다.
• 뒷짐을 지지 말아야 한다.
• 손가락은 벌리지 말고 가지런히 모아야 한다.
• 몸의 중심이 잡히지 않는 자세는 취하지 말아야 한다.

4. 앉는 자세

자세 중에서 앉는 자세를 편히 쉬는 자세라고 생각하는 사람들이 많이 있다. 앉을 때의 자세들도 천차만별이다. 한숨을 쉬면서 앉는 사람, 다리를 마구 벌려 최대한 편안한 자세로 앉는 사람, 털썩 앉는 사람 등, 앉는 사람이 편안한 자세를 취하면 취할수록 자신은 편해도 그 모습을 보는 사람은 불편한 기분이 심해질 수 있다. 자세는 '눈으로 보는 언어'라고 한다. 앉는 자세 역시 때와 장소에 맞추어 바른 자세를 취해야 한다.

■ 의자에 앉는 자세

① 의자에는 깊지도 않고, 얕지도 않게 앉는다.
  • 고객이 볼 때에 바로 일어날 수 있는 자세이다.

② 여성
  • 한쪽 발을 뒤쪽으로 당기면서 한 손으로 치마를 가볍게 잡고 앉을 자리를 살짝

본 후 앉는다.

- 무릎과 발뒤꿈치를 결코 떼지 않는다.
- 양손은 무릎 위에 가볍게 겹쳐 놓는다.

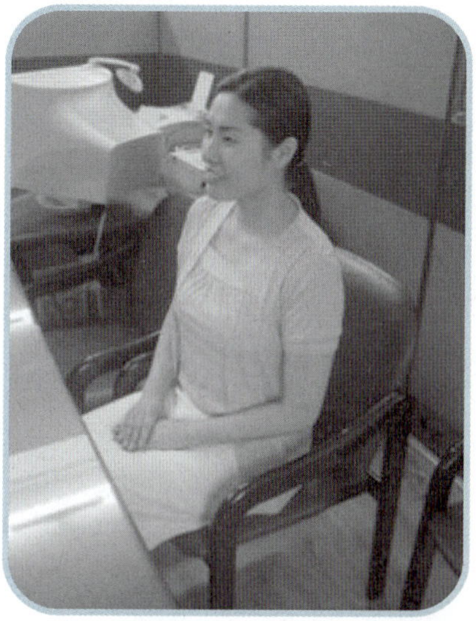

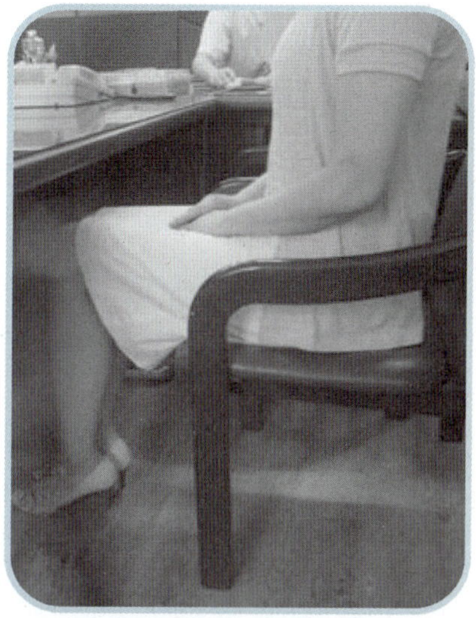

③ 남성

- 주먹 한 개가 들어갈 정도로 등받이에 기대지 않고 앉는다.
- 무릎은 주먹 2개 정도의 넓이로 벌리고 무릎에서 밑으로 똑바로 내려둔다.
- 손을 무릎에 둔다.

■ 카운터 의자에 앉는 자세

- 등을 곧게 편다.
- 즉시 일어날 수 있도록 중간 정도로 앉고 다리를 꼬아서 앉지 않는다.
- 테이블 위에 팔꿈치를 대거나 손을 올리지 않는다.
- 정면을 향하고 고개를 숙이지 않는다.
- 망을 보는 기능을 한다(카운터의 경우).

■ 응접실에 앉는 자세

- 상체를 곧게 편다.
- 등과 의자 사이는 주먹 하나 정도 간격을 둔다.
- 양손은 무릎 위에 놓는다.
- 무릎 사이는 두 주먹이 들어갈 정도로 벌린다. 여성은 벌리지 않는다.

■ 온돌방에서 앉는 자세 및 일어서는 법

- 똑바로 일어선 자세에서 왼발을 반 발자국 뒤로 하고 양 무릎을 굽힌다.
- 양 무릎이 바닥에 닿을 때까지 굽히고, 발끝을 세운 뒤 앉는다.
- 발끝을 세운 발을 바닥에 붙이고 양발의 엄지발가락을 겹쳐서 앉는다.
- 일어날 때 발끝으로 일어나며 왼발을 조금 뺀다.
- 오른발에 힘을 넣고 일어나 뺀 발을 모은다.

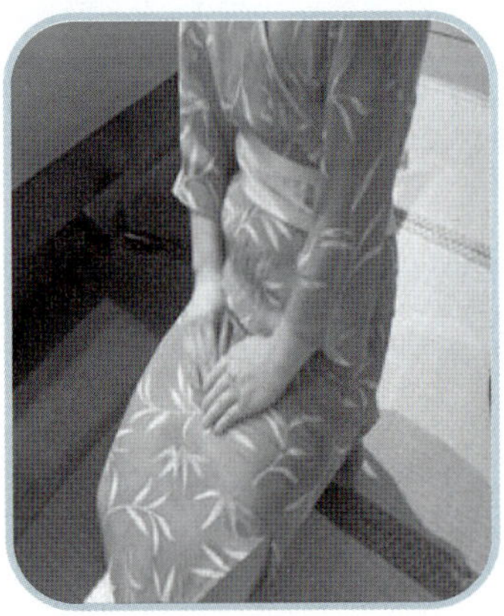

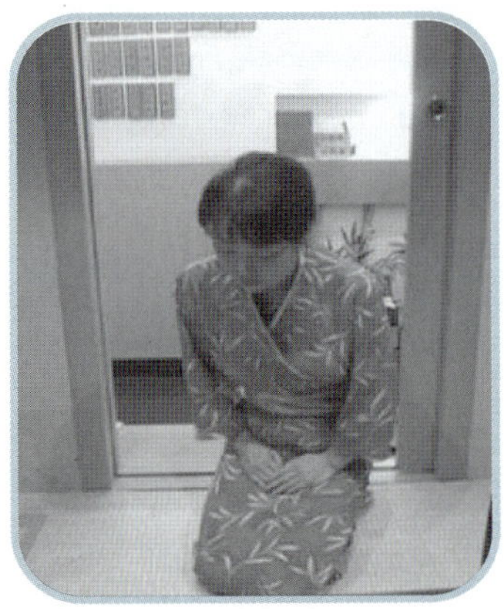

■ 앉는 자세 시 주의 사항

- 상급자의 권유에 따라 앉는다.
- 여성의 경우는 앉을 때 발을 반보 뒤로 하고, 앉으면서 스커트를 훔치면서 앉은 후 발을 모으고 손을 포개는 세 동작으로 앉는다.
- 허리는 반듯하게 세우며 등과 등받이 사이는 주먹 한 개 정도의 간격을 두고 앉

는다.

- 앉은 자세에서 여성의 경우는 발끝을 붙여 가지런히 하여 무릎을 붙이며, 남성은 무릎 사이에 주먹 2개 정도의 거리를 두고 발끝은 11자로 한다.
- 턱은 당기고 시선은 정면을 향하여 미소를 짓는다.
- 양손은 자연스럽게 허벅지 위에 남성은 차렷 자세의 손모양이나 공수 자세를 취하며 앉고, 여성은 공수 자세로 가지런히 포갠다.
- 여성의 경우 일어설 때는 한 발을 반보 앞으로 내밀고 일어선 후 발을 모으며 손을 마주 잡는 세 동작으로 일어선다.
- 여성의 경우 앉은 자세에서 다리를 왼쪽으로 비스듬히 하는 것도 여성스러워 보인다.
- 앉은 상태에서 허리를 곧게 세우고 턱을 당긴 후 미소와 함께 정면을 응시한다.
- 앉은 상태로 상대를 응시할 때는 상대의 타이 매듭 부분을 응시한다.

5. 보행 자세

바른 자세 못지않게 중요한 것이 걸음걸이이다. 어깨를 늘어뜨리고 고개를 숙인 채 걷는 모습과, 고개를 바로 들고 어깨와 허리를 세워 걷는 모습은 전혀 다른 느낌을 준다. 서비스맨에게 필요한 걸음걸이는 활달하고 당당해 보이는 걸음걸이이다. 동북아시아 3국의 걸음걸이 역시 많이 비교된다. 중국 사람들은 대륙적 기질을 발휘하여 급할 것 없는 표정으로 천천히 걷는 만만디를 보여주는 데 반해, 일본인들은 보폭이 좁고 비교적 빠른 걸음을 걷고, 우리나라 사람들은 화난 듯한 표정으로 빠르게 걷는다고 한다. 걸음걸이는 저마다 다르지만 제식훈련을 통해 자세를 통일할 수 있듯이 각자의 관심과 노력으로 고칠 수 있다. 바른 보행 자세는 다음과 같다.

- 바른 걸음걸이는 바른 자세에서 시작된다. 바로 선 자세로 등을 펴고, 턱을 당기고,

시선은 정면을 향하고, 보폭은 적당히 하여 자연스럽게 걷는다.

• 걸음을 걸을 때에는 경쾌하면서도 조용히 걷는다. 팔은 다른 사람에게 방해가 되지 않도록 자연스럽게 바지를 스치듯이 흔든다. 여럿이 걸을 때에는 종으로 걸으며, 횡으로 걸으면서 통로를 가리는 일이 없도록 한다. 큰소리로 이야기하거나 콧노래 또는 휘파람을 불면서 걷는 것은 금물이다.

• 보행 시 남자는 직선 바로 옆을 밟는 기분으로, 여자는 일직선을 밟는 기분으로 걷는다. 발을 질질 끌면서 걷거나 덜렁덜렁 불안스런 걸음걸이는 금물이다. 뒷짐을 지고 걷거나 주머니에 손을 넣고 걸어서도 안 되며, 팔짱을 끼고 걸어서도 안 된다.

• 고객을 안내할 때에는 고객에게 유의하면서 조심성 있게 한 걸음 앞을 선도한다. 또한 고객을 수행할 때에는 고객의 좌측 1보 뒤나 또는 후방에서 고객을 따라 걷는다.

• 서비스 현장에서는 어떤 경우에도 뛰어서는 안 되며, 바쁘거나 급할 때에는 빠른 걸음으로 조용히 걷는다.

• 복도의 중앙은 고객의 전용 통로로 생각하고 항시 좌측통행을 습관화한다. 모퉁이를 돌아설 때나 자동문을 통과할 때에는 부딪치지 않도록 주의한다. 복도는 좌측통행을 하며, 코너에서는 부딪치지 않기 위해 좌측으로는 작게 돌고, 우측으로는 크게 돌아서 걷도록 한다.

- 앞서가는 고객을 앞질러 가거나 앞을 가로질러 가서는 안 된다. 부득이 급한 일이 있을 경우에는 "실례합니다."하고 목례를 한 후 지나쳐 간다.
- 고객이나 상사와 서로 지나칠 때에는 걸음을 잠시 멈추고 가볍게 인사한 다음, 고객이나 상사가 먼저 지나가도록 한다.
- 보행 중 담배를 피우거나 껌을 씹거나 음식물을 먹으며 다녀서는 안 되며, 보행 중에 소리가 나므로 주머니에 소리 나는 것을 넣고 다니지 말아야 한다.
- 신발소리가 크게 나지 않도록 걸어야 한다.
- 슬리퍼를 신고 보행하거나 신발을 구겨 신고 걸어 다니면 안 된다.

6. 안내 자세

고객이 어떤 장소를 물어왔을 때 가장 기본적인 마음가짐은 '상대방의 입장'에서 생각하는 것이다. 대부분의 사람들은 '자기의 입장'(근무자는 식당 내를 잘 알고 있음)이 되어 대충 가리켜주거나 막연하게 이야기하기 쉽다. 하지만 물어오는 사람은 '잘 모르는 곳'이기 때문에 구체적으로 안내를 해주거나 또는 상황적 여유가 된다면 찾는 장소까지 친절하게 안내를 해드리는 것도 좋다.

1) 장소 안내(식당 안, 복도 등)

- "제가 안내해 드리겠습니다. 이쪽으로 오시겠습니까?"하고 방향을 가리킨다.
- 고객이 안심하고 안내를 따라 움직일 수 있도록 배려가 필요하다. 고객과 보조를 맞춰 2, 3보 정도 앞으로 걸으면서 가끔 시선을 고객의 발밑에 둔다. 코너를 돌 때에는 일단 정지하여 다시 한번 방향을 가리키며 "이쪽입니다."라고 이야기한다. 복도에서는 고객을 중앙으로 걷게 하고 안내자는 좌측으로 간다.
- 중앙이 상좌, 좌측은 하좌이다.

2) 계단 안내(계단을 오르내릴 때)

- 원칙적으로 올라갈 경우는 고객의 뒤에서 걷는다. 고객이 발을 헛디딜 때 받쳐주려는 배려이다. 안내의 경우는 앞이라도 관계없다
- 내려갈 때에는 손님의 앞으로 간다. 고객의 안전을 위한 배려이다.
- 에스컬레이터 : 기본적으로 계단과 동일하다. 좌측으로 비켜선다. 우측은 급한 사람을 위해 비워두는 배려이다.

3) 엘리베이터 안내

■ 엘리베이터에서의 안내 요령

- 타고 내리는 것은 반드시 고객이 우선이다.
- 안내원이 없을 경우 안내자가 먼저 탄다.
- 엘리베이터 안에 손님이 많을 경우는 안내자가 먼저 타지만, 내릴 때에는 손님이 먼저 내린다.

■ 엘리베이터에서의 자리 순서

- 엘리베이터 안에서는 등을 펴고 자세를 바르게 하며, 벽에 기대지 않는다.
- 엘리베이터는 도중에 탈 사람을 예상하여 여유를 두고 탄다.
- 엘리베이터 안에서는 작은 말소리도 잘 들리기 때문에 말소리를 낮추고, 가능하면 내리고 난 후에 이야기한다.

4) 문 여는 방법

■ 자기 앞쪽으로 여는 문

- 여는 문에 평행으로 서거나 앉는다.
- 고객의 얼굴을 보고 목례를 하고 나서 "어서 오십시오", "안녕하십니까?"라는 인사말을 하며 안내를 한다.

■ 바깥쪽으로 밀어서 여는 문

- 문 반대편의 안전성을 확인한 후 연다.
- 고객이 지나가기 편하도록 배려한다.

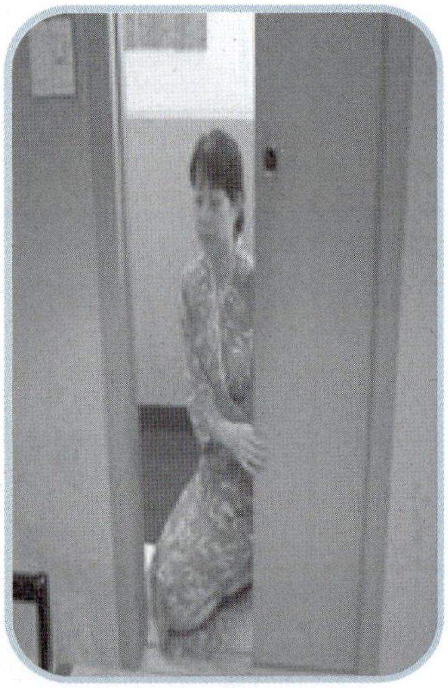

5) 문 닫는 방법

■ 자기 앞쪽으로 닫는 문

- 문에 손잡이를 잡고 너무 큰소리가 나지 않도록 닫는다.

■ 바깥쪽으로 밀어서 닫는 문

- 닫을 때에는 뒤쪽에 있는 사람을 주의한다.

6) 방향, 지시 방법

- 미소 띤 밝은 표정으로 안내의 말을 곁들인다.
- 상대와 눈을 마주친 후 손가락을 붙인 채 방향을 가리킨다.
- 손목이 꺾이지 않도록 한다.
- 손바닥이나 손등이 정면으로 보이지 않도록 45도 각도로 눕혀서 가리킨다.
- 오른쪽을 가리킬 때는 오른손을, 왼쪽을 가리킬 때는 왼손을 사용한다.
- 상대가 바른 방향으로 향하는지 지켜보는 여유를 갖는다.
- 상대를 인도하여 목적지까지 안내하는 것이 최고의 서비스이다.

제4절 고객 응대 화법

1. 서비스 화법

1) 서비스 화술의 3원칙

- 삼의三義

  부드럽고 상냥하게 대하는 것이 관계 구축의 첫걸음이다.
- 진심으로 말하라

  상대의 마음을 움직이는 데 있어 진실보다 큰 무기는 없다.
- 작은 소리로 짧게 말하라

  목소리가 지나치게 크거나 말이 장황하면 호소력은 감소한다.
- 시선은 상대를 향해 말하라

  외면하거나 힐끗거리는 시선으로 하는 대화는 곤란하다.
- 칭찬하라

  찬사는 말의 꽃다발로서 대화를 부드럽게 만든다.
- 잘 듣고 맞장구칠 것

  맞장구치며 듣는 것은 말을 잘 듣는 것보다 중요하다.
- 똑똑한 체하지 말라

  지나치게 똑똑해 보이면 자칫 반감을 형성할 수 있으며, 조금 부족한 듯해야 호감을 유도하는 데 유리하다.
- 상대의 입장을 존중하라

  상대를 배려하는 것이 서비스의 시작과 끝이다.
- 침착하게 말하라

과장이나 허풍은 분위기를 해치고 응대자의 품위를 떨어뜨린다.

- 정중하고 품위 있는 말을 하라

예의 바른 존대어와 품위 있는 언어 사용은 인격의 표지이다.

2) 고객 응대 3대 경제 용어

① 예

가장 짧으면서도 상대를 기분 좋게 하는 용어이다.

긍정의 의미로 고객의 입장을 이해한다는 뜻이며 돕겠다는 뜻이다.

② 감사합니다

거절 표현도 영어에서는 'No, thank you'를 사용할 정도로 'thank you'는 생활 용어이다

③ 죄송합니다

'Thank you' 만큼이나 일상화된 생활 용어가 'Excuse me'이다.

3) 5대 금지 용어

① '안 됩니다.'

② '없습니다.'

③ '모릅니다.'

④ '못 합니다.'

⑤ '제 소관이 아닙니다.'

4) 5대 접객 용어

① '안녕하십니까?'

② '무엇을 도와 드릴까요?'

③ '감사합니다.'

④ '죄송합니다.'

⑤ '안녕히 가십시오.'

5) 상대의 미움을 받는 발언

- '나는 네 생각에 반대한다.'
- '네가 신뢰하는 저 사람은 싫다.'
- '그런 일은 누구라도 할 수 있다.'
- '그 일은 내가 더 잘 알고 있다.'
- '넌 그래서 안 돼.'
- '그건 네가 잘못했네.'
- '네가 이렇게 약속했잖아.'
- '내가 하면 더 잘 했을 거야.'
- '나도 전에는 너처럼 생각했다.'

6) 언어 구사 원칙

- 진솔한 마음을 담은 정중한 경어를 사용한다.
- 명령형을 의뢰형 어투로 바꾸어 표현한다.

  '입을 벌리세요.' → '입을 조금 크게 벌려 주시면 치료가 빠르게 됩니다.'
- 쿠션 언어

  '죄송합니다만', '미안하지만'의 적절한 활용
- 플러스 화법

  '신발 벗고 들어오세요.' → '신발장이 입구에 준비되어 있습니다.'
- 'You Message' → 'I Message'

  '너는 왜~.' → '내 생각에는'
- 'Yes, But' 화법

  상대의 말에 일단 긍정을 표한다.

• 비언어적 메시지의 중요성

상대를 응시한다. 대화 중 메시지의 60%는 비언어적 표현의 영향을 받는다.

7) 긍정적 대화와 부정적 대화

(1) 긍정적 대화

- 진솔하게
- 시의 적절하게
- 구체적으로
- 성실하게

(2) 부정적 대화

- 의사소통 기법의 부재
- 긍정적 대화에 이은 부정적 발언
- 습관적인 불성실한 발언들
- 거칠고 적대적인 대화방식

2. 접객 응대 용어

접객의 시작은 인사이지만, 접객의 마무리는 인사에 걸맞는 말의 표현이다. 일반적으로 말이라는 것을 마음을 표현하는 수단이다. 얼마나 바르고 정중한 말씨를 쓰는가에 따라 그 사람의 인물됨이 평가된다. 즉, 똑같은 언어표현일지라도 어떻게 사용하느냐에 따라 그 의미가 달라지므로 항상 올바른 언어를 사용해야 한다. 그러므로 식당 종사원들은 고객이 편안함과 친절함을 느낄수 있도록 평상시 언어습관을 정확히 익혀, 좋은 표현법을 사용하는 것이 습관화되어야 한다.

1) 바른 경어 사용

존경어는 상대에게 경의를 표하는 말로 상대의 행동, 태도 등을 표현할 때 사용한다.

겸양어는 자신을 낮추어 하는 말로 자신의 행동, 태도 등을 표현할 때 사용한다. 그리고 정중어는 상하관계를 떠나 정중한 응대가 필요한 경우와 3인칭화법으로 응대할 때 사용한다.

| 바른 경어 서비스의 예 |

보통어	존경어	겸양어
말하다	말씀하시다	말씀드리다
묻다	물으시다	여쭙니다
보다	보시다	봅니다
먹다	잡수시다	먹습니다
하다	하시다	합니다
가다	가시다	갑니다
오다	오시다	옵니다

2) 식당에서 자주 사용하는 접객 용어

인사말	상 황
어서 오십시오 안녕하십니까?	– 내점 시 "환영합니다."라는 기분으로 인사한다 – 점원 한 사람뿐만 아니라 전원이 손님에게 인사
네, 알겠습니다 네, 잘 알겠습니다 네, 말씀대로 하겠습니다	– 주문을 받았을 때 – 요청을 받았을 때
잠시 기다려 주십시오	– 곧 접객하지 못하고 손님을 기다리게 할 때 – 그 자리를 뜰 때 – 찾으러 가거나 확인하러 갈 때
오래 기다리셨습니다	– 기다리게 했을 때, 반드시 인사말을 건넨다

죄송합니다만 정말 송구스럽습니다만	– 사인을 받을 때나 기입을 받을 때 – 요구사항을 들어주지 못할 때
정말 죄송했습니다	– 실수가 있었을 때 – 오래 기다리게 했거나 폐를 끼쳤을 때
감사했습니다 감사합니다	– 판매했을 때 – 주문과 상품을 결정했을 때 – 칭찬 받았을 때 – 전송할 때
실례하겠습니다 실례했습니다	– 말을 건넬 때 – 끼어들거나 접촉이 있었을 때 – 그릇을 치우거나 서비스할 때 – 퇴석 혹은 퇴실할 때 – 접객하러 돌아왔을 때나 앉을 때 – 물건을 받아들 때, 물건을 건넬 때
항상 신세지고 있습니다	– 상대가 이름을 말했을 때 – 거래처에서 왔을 때

3) 고객 응대 어법과 응대 화법

(1) 3C

① Correct : 정확

- 바른 고객 응대 용어, 어투
- 일시, 요건, 요망, 인수, 개수 등
- 사실과 추측을 구분한다.

② Concise : 간결

- 결론을 먼저 말한다.
- 5W 1H로 정리한다.

③ Clear : 명료

- 듣기 쉬운 목소리와 밝은 어조로 말한다.
- 또렷하게 발음한다.
- 어미까지 확실하게 말한다.

(2) 3S

① Smile : 미소

- 상냥하고 부드러운 표정으로 대한다.
- 시선을 맞춘다.
- 입 주위 표정에 주의한다.

② Speed : 속도

- 적당한 템포로 이야기한다.
- 너무 빨리 말하지 않도록 한다.
- 중요한 포인트는 강조, 강약을 준다.

③ Sincerity : 성의

- 진심 어린 정중한 말씨로 한다.
- 상대의 입장에 서서 한다.
- 질문에는 친절하고 기분 좋게 답한다.

(3) 어법의 매너

① 말할 때의 매너

- 상대의 심리 상태를 이해한다.
- 상대의 연령, 입장을 생각하고 이야기한다.
- 시선, 동작, 어조에 주의한다.
- 침착하게 이야기한다.
- 상대의 이해도에 맞춘다.
- 긍정적인 표현을 사용한다.
- 예의 바르게 대한다.
- 내용을 파악하고, 적절한 응답을 한다.
- 알기 쉬운 단어를 선택한다.
- 외래어를 너무 많이 쓰지 않도록 한다.

② 들을 때의 매너

- 맞장구치거나 고개를 끄덕이면서 듣는다.
- 시선을 맞춘다.
- 마음을 열고 적극적으로 이해하려고 노력한다.
- 이야기를 이끌어내도록 노력한다.
- 말을 가로채거나 말허리를 자르지 않는다.
- 말하다 나오는 실수를 꼬치꼬치 따지지 않는다.
- 말을 직접적으로 부정하지 않는다.
- 이야기에 관심을 갖는다.
- 갑자기 화제를 바꾸지 않는다.

제5절 전화 응대

고객 응대 서비스 중에서 내방객 응대 서비스 못지않게 중요한 것이 전화 응대이다.

주문과 예약, 상품문의는 물론 장소와 영업시간에 대한 문의 등 다양한 전화가 걸려온다. 전화는 얼굴이 보이지 않는 상태에서 오직 목소리만으로 하는 대화이다. 사소한 목소리 상태와 말씨에 따라 상대에게 주는 인상이 크게 변한다. 전화만의 특성을 이해하고 내방객 응대와 마찬가지로 진심 어린 응대를 해야 한다.

사람은 상대를 판단할 때 오감을 동원하지만 가장 큰 영향을 끼치는 것은 시각이다. UCLA의 메라비언 교수는 그의 저서 'Silent Message'에서 대화를 통한 내용의 전달 요소로서 시각 55%, 청각 38% 등 비언어적 요소가 93%를 차지하며 내용은 7% 정도로 작용된다고 밝혔다. 즉, 사람은 언어 외적인 요소로 판단한다는 것이며 시각적 요소의 중요성을 의미하는 것이다. 따라서 전화는 사람과의 만남에서 가장 큰 영향을 미치는 시각적 요인을 배제한 채 만나게 되는 수단으로서, 음색과 음성의 크기 · 톤 · 속도 등의 청각적인 요인이 중요하게 작용한다. 자신의 음성으로 상대에게 좋은 이미지를 새기기 위해서는 음성에 화장을 할 필요가 있다. 밝은 음색과 품위 있고 간결한 언어 사용과 정중한 태도를 통해 자신의 이미지를 전달해야 한다.

1. 전화서비스의 중요성

- 전화는 식당의 이미지를 대표한다. (고객은 나무를 보고 숲 전체를 이야기한다.)
- 손님이 눈앞에 서 있다고 생각하고 밝게 또렷또렷 응대한다.
- 보통 대화에서는 부족한 말을 표정이 보충해 주지만, 전화의 경우는 상대의 표정을 볼 수 없는 만큼 언어 사용과 표현만이 의사소통의 유일한 수단이다.
- 전화에 나온 사람의 언어 사용이라든가 음성에 의해서만 식당의 이미지가 결정되어 버린다. 항상 공손하고 완벽한 언어 사용을 할 수 있도록 통화 태도는 정중하고 친절해야 한다.

2. 전화 서비스 요령

- 자주 걸려오는 회사명, 담당자명을 기억해 두고 용건을 사전에 미리 물어서 알아둔다.
- 앞의 것을 리스트화하여 노트에 정리하여 보관한다.
- 전화를 받기 전에 다음 세 가지를 체크한다.
  - 수화기는 왼손으로 잡고, 오른손으로는 메모를 준비한다.
  - 바른 자세로 전화를 받는다. 상대가 보이지 않더라도 목소리로 마음이 전해질 수 있다는 것을 명심한다.
  - 벨이 울리면 먼저 미소를 짓는다. 그리고 밝게 전화를 받는다.

3. 전화 서비스의 특성과 마음가짐

■ 상대가 보이지 않는 목소리만의 커뮤니케이션이다.

전화 서비스는 목소리만으로 친절을 표현해야 하는 서비스이다. 그러므로 목소리 표정이 서비스의 좋고 나쁨을 크게 좌우한다. 전화 목소리를 평소보다 2~3배 높이고, 발음을 정확하게 한다. 상대의 말씨가 정중하지 않아도 항상 정중한 말씨를 써야 한다. 손님 중에 예의 없이 말하는 사람도 있다는 것을 명심하고, 누구에게나 친절히 응대해야 한다.

■ 아무 때나 걸 수 있지만 상대의 상황을 모른다.

회의, 외출, 내객, 식사 등 상대의 상황을 알 수 없다. 항상 배려하는 것을 잊지 말아야 한다. "지금 통화할 수 있습니까?", "바쁘신데 죄송합니다."

■ 의식하지 못하는 사이에 돈이 새어 나간다.

전화 통화 중 조사를 해야 한다거나 무언가를 찾아야 하지만 시간이 지체될 경우에는 일단 끊고 나서 다시 걸어야 한다.

4. 전화 응대의 다섯 가지 원칙

■ 밝고 정확하게

- 보통 때보다 두세 배 정도 밝고 높은 톤으로 이야기한다.
- 목소리 상태에 주의한다. (발음, 템포, 높이, 억양)
- 어미는 흐리지 말고 확실하게 한다.
- 알아듣기 어려운 말은 피한다.
- 모르는 부분은 질문한다.

■ 신속하게

- 벨은 두세 번 이상 울리기 전에 곧 받는다.
- 너무 긴 시간이 걸리면 끊었다가 다시 건다.
- 전화 건 사람을 기다리게 하지 않는다.

■ 간결하게

- 돈이 든다는 의식을 갖는다.
- 간결하게 간단히 이야기한다.
- 쓸데없는 이야기나 개인적인 전화는 하지 않는다.

■ 친절하고 정중하게

- 바르고 정중한 말씨를 쓰도록 한다. 경어법을 쓴다.
- 잘못 걸린 전화나 자신이 담당하고 있지 않은 전화라도 기분 좋게 응대한다.
- 바쁠 때라도 친절하게 응대한다.

■ 메모

- 반드시 메모한다.
- 재확인 한다.
- 5W 1H를 적용하여 메모한다.

5. 전화 받기

■ 즉시 받기

- 벨이 두세 번 이상 울리기 전에 받는다.
- 즉시 받지 못했을 때에는 "오래 기다리셨습니다."라고 말한다.

• 인사는 "안녕하십니까?"라고 하는 것이 무난하다.

■ 이름 말하기

• 점포명을 확실하고 정확하게 말한다.
• "여보세요"라는 말은 불필요하다.
• 상대방의 이름을 확인한다. 이름을 대지 않는 경우에는 확인하도록 한다.

■ 용건 묻기

• 말허리를 자르지 말고 잘 듣는다.
• 침착하고 정확하게 메모한다.
• 부드러운 말씨 (죄송합니다만...공교롭게도..)로 한다.
• 의뢰문(부탁드릴 수 없을까요?, 해주실 수 없을까요?)은 특히 정중한 말씨로 응대한다.

■ 요점 확인하기

• 요령 있게 포인트를 정리하여 복창하고 확인한다.
• 5W1H로 전달 사항에 빠진 내용이 없는지 확인한다.
• 인명, 숫자, 일정 등은 잘못 듣지 않도록 주의한다.

■ 책임 있는 대답

• 책임 소재를 확실히 하기 위해서 접수자, 담당자명을 말한다.
• 질문에 대하여 모를 경우에는 부정확한 답을 하지 말고 잘 아는 것만 책임 있게 대답한다.

■ 마무리 인사

• 끊는 인사를 확실히 한다.
• 감사의 말을 덧붙여 마음을 전한다.

• 다짐해 둘 필요가 있으면 요점을 덧붙인다.

■ 수화기 놓기

• 상대가 끊은 것을 확인하고 조용히 놓는다.

■ 전화 받기

6. 전화 걸기

■ 사전 준비

• 상대의 전화번호, 소속, 이름을 확인한다.

• 용건의 내용을 정리한다.

• 이야기 순서를 생각해 둔다.

■ 이름 대기

- 상대가 받으면 점포명(회사명), 부서명, 이름을 댄다.
- 먼저 인사한다.
- '항상 감사드립니다.' 라든가 '항상 신세지고 있습니다' 등의 말을 덧붙인다.

■ 중개 의뢰

- 중개를 부탁한다.
- 상대가 받으면 다시 한번 이름을 말하고 간단한 인사를 한다.
- "지난번에는 찾아 주셔서 감사했습니다." 등의 말을 한다.

■ 용건 말하기

- 용건을 먼저 말하고 요령 있고 간결하게 이야기한다.
- 5W1H로 명확하게 전한다.

■ 확인

- 상대의 이해도를 확인한다.
- 실례가 되지 않도록 정중한 말씨로 이야기한다.
- 상대가 잘 이해하지 못할 때에는 알기 쉬운 말을 골라 친절하게 설명한다.

■ 마무리 인사와 수화기 놓기

- 마무리 인사를 반드시 한다.
- 감사의 말을 한마디 덧붙여 마음을 전한다.
- 상대가 끊은 것을 확인하고 조용히 놓는다.

■ 전화 걸기

7. 전화 응대법

■ 벨이 울리면

- 벨이 울리면 즉시 받는다. 기다리지 않게 하는 것이 기본적인 전화 에티켓이다. 세 번 이상 벨이 울리지 않도록 한다.
- 시간이 걸렸을 때에는 "기다리셨습니다."하고 한마디 사과한다.
- 오전 중에는「안녕하십니까? ○○○ 식당의 김 ○○○입니다.」
- 오후에는「감사합니다. ○○○ 식당의 김 ○○○입니다.」

■ 수화기를 들면

- 수화기를 들면 먼저 식당명, 이름을 고객(상대방)에게 말하고, 고객의 성함과 용건을 확인한다.
- 이해가 잘 안 될 때에는 이해가 될 때까지 공손히 물어서 들은 내용을 복창한다.

특히 금액, 일시, 숫자, 고유명사, 예약명 등은 똑똑히 듣고 반드시 복창한다.

- "감사합니다. ○○○ 식당, 김 ○○○입니다."
- 언제나 메모지와 필기구를 준비해 두고 필요할 때 즉시 메모한다.
- 조사해 볼 내용의 의뢰나 시간을 요하는 경우에는 일단 전화를 끊고 다시 전화를 걸도록 한다.
- 애매한 답변은 하지 않는다.
  "....일 겁니다."로 답변하면 고객은 「…… 이다.」로 단정한다.
- 자기가 답변할 수 없는 내용은 상급자를 바꾸거나, 이쪽에서 전화를 걸어 알려준다.

■ 전화 언어

- 언어는 분명하게 정중하게 음성의 크기 · 음성의 고저 · 속도에 유의한다.
- 상사나 동료에게 물을 때에는 수화기를 보류hold시킨 상태에서 문의한다.
- 상사나 동료에게 의논할 때도 전화의 손님 성함은 반드시 경어를 붙인다.

■ 인사

통화의 처음에 「감사합니다. ○○○식당 김 ○○○입니다.」

통화의 끝에 전화 주셔서 감사합니다. 「기다리고 있겠습니다.」

■ 전언

전언을 의뢰받았을 때에는 상대방 손님의 성함과 용건을 정확하게 메모하고 틀림없이 전언한다. 전화 끝에 자신의 소속과 성명을 분명하게 알린다. '책임을 갖고 분명하게 전언하겠습니다.'라는 정성이 담겨 호감을 갖게 한다.

■ 중계

자기 담당이 아닌 용건의 전화를 받았을 때에는 용건을 충분히 확인한 다음 담당자에게 정확히 인계한다. 담당자가 확실치 않을 때에는 일단 전화를 끊고 담당자를 확인하고서 해당 담당자가 전화를 걸도록 한다. 이 사람, 저 사람 전화를 돌리는 것은 좋지 않다.

■ 전화를 끊을 때

- 전화를 끊을 때에는 상대방에서 수화기를 놓은 다음 조용히 놓는다. 용건이 끝났다 하여 난폭하게 찰그랑 하고 놓으면 고객에게 실례가 된다.
- "감사합니다."하고 전화를 하면서 굽실 절을 하는 것은 부끄러운 일이 아니다. 이쪽의 성의가 목소리에 그대로 담겨져 고객에게 전달된다. 상대방은 전화 목소리만으로 이쪽의 전화 받는 자세, 태도, 표정을 느낄 수 있다.

■ 개인 전화

- 근무 중에 개인 전화 사용은 절대 삼가야 한다.
- 개인 전화 사용은 방심하기 쉽다. 자연히 언어나 자세가 거칠어지고 직장의 분위기를 흐리게 한다. 직장이라는 것을 잊지 말고 개인적인 통화를 삼간다(단, 긴급한 경우는 예외).

제6절 불만 고객 응대

아무리 열심히 노력하고 있다 하더라도 점포의 상품과 서비스에 대하여 100% 만족이라는 것은 존재하지 않는다. 21세기를 살아가는 개개인의 취향과 사고방식이 각기 다르므로 손님들이 느끼는 만족도도 다르게 나타나기 때문이다. 그리고 아무리 주의를 기울여도 누구에게나 실수는 있는 법이다. 따라서 부족한 점에 대해서는 솔직히 사과하는 것이 최선의 방법이다.

고객 불만은 단순히 손님의 불평이나 자사의 마이너스로 받아들이지 말고 회사가 발전하기 위한 귀한 정보로 받아들인다. 또한 손님의 지식 부족과 착각에서 발생하는 클레임도 있는데, 이런 경우에는 상대가 부끄럽게 느끼지 않도록 하는 배려가 필요하다.

고객 불만을 긍정적으로 받아들여 마지막까지 책임감을 가지고 대처하는 것이 무엇보다도 중요하다. 불만을 제대로 처리함으로써 점포의 이미지를 향상시킬 수 있으며, 제기된 불만을 통해 손님과 보다 밀접한 커뮤니케이션을 가질 수 있다. 그러므로 고객 불만을, 고객을 보다 잘 이해해 가는 과정에서 생기는 기회라고 생각하는 것이 좋다. 고객에 대한 깊은 이해가 서비스의 시작이기 때문이다. 항상 긍정적인 자세로 고객의 입장에 서서 정확한 원인을 파악하고 불평에 대한 해결방안을 강구하여, 고객에게 호감을 줄 수 있는 만족한 결과가 이루어지도록 신속하게 처리한다. 그래야 회사의 이미지를 향상시키고 신뢰감을 더 높이며, 고객으로 하여금 재방문하게 하거나 고정고객으로 유치할 수 있다.

1. 고객 불만의 종류

고객 불만의 종류는 점포나 상황에 따라서 무척 다양하지만 크게 나누어 다음과 같은 것들이 있다.

■ 상품 자체의 결함

• 요리의 맛, 양, 조리법 등

요리의 맛이 변했다. / 요리가 차갑다. / 머리카락 등의 이물질이 들어갔다.

요리의 양이 무척 적다, 많다. / 맛이 진하다, 약하다. / 주문했는데 빨리 안 나온다.

• 상품의 소재, 품질, 색, 사이즈 등

가져갔더니 망가져 있었다. / 부서져 있었다. / 세탁했더니 줄었다. / 색이 변했다.

터졌다. / 주문한 것과 다르다.

■ 분위기

음악이 요란스럽고 시끄럽다. / 점내가 덥다, 춥다. / 조명이 어둡다, 밝다. /

상품이 보기에 안 좋다. / 다른 손님이 시끄럽게 한다. / 안내가 나쁘다.

■ 서비스

접객 서비스가 나쁘다(태도, 말씨 등). / 부탁한 일을 잊었다. / 사담을 하고 있다.
업장 안에 서비스맨이 보이지 않는다. / 전화를 받지 않는다.

■ 지불 관련

전표의 금액이 잘못됐다. / 신용카드를 쓸 수 없다.
영수증의 수취인이 잘못되어 있다.

■ 기타

배송이 늦었다. / 포장상태가 지저분하다. / 상품의 AS가 나쁘다./
점내에서 부상을 당했다. / 점내에서 분실물이 발생했다.

2. 고객 불만의 응대 시 주의 사항

- 고객의 불쾌한 감정이 확대되지 않도록 신속히 응대하며, 성실한 태도로 경청하는 인상을 주도록 한다.
- 고객의 불평불만을 들을 때는 참을성 있게 듣고, 예의바른 자세를 갖추는 것을 잠시도 잊어서는 안 된다.
- 불평사항 또는 지적사항을 메모하는 자세를 보여준다.
- 경청하는 동안 원인을 파악 분석한다.
- 불평 내용 중 일부가 오해 또는 고객의 착각에서 오는 부당한 것이라고 생각되더라도 말 중간에 변명하거나 고객의 잘못을 지적해서는 안 된다.
- 절대로 고객의 불평을 회피하려고 해서는 안 되며, 과소평가나 성급하게 해결하려는 인상을 주어서도 안 된다.
- 무조건 잘못을 시인하거나 잘못이 없다고 주장해서는 안 되며, 고객이 요구하는 바

가 무엇인지 신속하게 판단하여 가급적이면 고객의 뜻에 따른다.
(단 명백히 종사원의 잘못으로 판단될 경우 충분한 사과를 한다.)
- 다른 고객이 옆 자리에 있다는 것을 인식하고, 고객의 언성이 격해지지 않도록 최대한 노력하여 해결한다.
- 본인이 해결하기 힘든 사항일 경우 신속히 상급자에게 사실을 보고하여 조치한다.
- 고객의 불평은 적극적으로 수용하고 가능한 한 빨리 시정내용을 고객에게 알려서 불쾌한 감정을 해소시킨다.
- 항상 개인적인 감정 및 입장에 치우쳐서는 안 되며, 회사를 대표한다는 공적 입장에서 판단해야 한다.
- 같은 실수 및 불평이 또 다시 발생하지 않도록 개선되어야 할 문제점을 기록 유지하여 종사원의 접객 서비스 향상에 뒷받침될 수 있도록 한다.

3. 고객 불만 응대 5단계

1) 경청(불쾌한 감정, 불만 등을 전부 듣고 고객의 흥분을 진정시킨다.)

- 무엇에 대한 불평인지 냉정하게 끝까지 전부 듣는다.
- 이쪽의 설명을 서두르거나, 말허리를 자르거나 곧장 부정하지 않는다.
- 반드시 메모한다.
- 절대로 피하지 않는다.

2) 원인 분석

여러 가지 복합원인을 분석, 주원인과 부수원인으로 구분하여 대책을 검토한다.

• 불평의 원인 분류

상 품	접객원	기 타
품질, 가격, 시설물	접객태도, 친절, 용어	사고, 오해

• 실제로 원인은 복합 형태로 일어나며 그 중에도 접객원에 기인하는 경우가 많다.

3) 해결책의 검토

• 신속한 응대
• 처리 결과에 따라 회사의 이미지가 좌우됨을 중시
• 잘못을 시정할 것을 신중하고 예의 바르게 알림
• 책임의 한계를 명확히 할 것
• 다른 손님에게 피해가 없도록 작은 소리로 할 것

4) 불평 처리 시의 유의 사항

• 상대방에게 동조해가면서 긍정적으로 듣는다.
• 논의나 변명은 피한다.
• 고객의 입장에서 성의를 갖고 처리한다.
• 감정적 표현, 감정의 노출을 피하고 일보 후퇴하여 냉정하게 검토한다.
• 솔직하게 사과한다.
• 설명은 사실 중심으로 명확하게 한다.
• 신속하게 처리한다
• 적극적인 자세로 대한다.

※ 고객 자신에게 문제가 있을 경우(오해, 이해부족)
- 상대방의 이야기를 가능한 한 다 듣는다.
- 설명을 돌려서 한다.
- 고객이 빠져나갈 길을 터놓고 자존심을 상하지 않게 한다.

5) 불평 처리의 세 가지 방법

• 사람을 바꾼다.
사원에서 상사로, 신입사원에서 경력사원으로 바꾸어 고객의 불평을 처리한다.

• 장소를 바꾼다.
- 서서 대화하는 것을 앉아서 함으로써 감정을 진정시킨다.
- 영업장에서 사무실, 응접실로 바꾸어 고객을 혼자 있게 함으로써, 타 고객에게 불편을 주지 않도록 한다.

• 시간을 바꾼다.
- 즉답과 변명을 피하고 냉각 기간을 갖는다.
- 고객에게 중간보고를 한다.

4. 불평 예방의 주안점

		주안점
1) 접객 태도	언어의 소통	고객에게 최대의 봉사정신으로 상냥하게 응대하는 언어를 익힌다. 고객의 불평에 최대한 참는 인내심을 기르며 노골적인 감정의 표시는 금한다. 항상 명랑하고 상냥한 언어를 사용하고 외국어 실력의 향상을 위해 노력한다.
	거스름돈 확인	"감사합니다. ○○○원 받았습니다. 거스름돈 ○○원입니다." 고객의 확인을 위해서도 필요하지만 불평 방지를 위해서도 반드시 필요한 절차이다.
	전화응대	공손한 전화 응대는 물론, 통화 중에 동료와의 대화나 주위 사람에 유의한다.
	개인위생	유니폼, 개인위생, 비품 등을 사전 점검하여 손님이 불쾌감을 갖지 않도록 유의한다.
	태도	인사, 행동, 대기자세, 주문자세 등에 유의하고 항상 고객의 부름에 재빨리 대처할 수 있도록 한다.
	상품지식	식당의 판매상품, 즉 식사요금, 식사재료 및 특정 음료 등에 관해 정확한 지식을 갖고 항상 손님의 문의에 대처할 수 있어야 한다.
2) 가격	상품의 재료, 요리과정, 요리수준 등의 충분한 상품지식과 동종 타사와의 가격대비를 준비하여 항상 손님의 문의에 응대할 수 있어야 한다.	
3) 품질	정확한 개량 철저한 품질관리(선도, 냉동, Show Case 점검, 물량확보, 정비상태) 판매시점에서 상품의 재점검(파손, 변질, 오염 등)	
4) 사고	장치물, 시설물의 점검 쇼 케이스 등 집기 파손 점검 고객의 소지품 분실방지 업자의 분위기 조정 신속한 업무연락 요주의 인물파악 및 철저한 감시	

제5장

고객 MOT별 응대 서비스

제1절 MOT별 고객 응대 서비스

1. 예약 서비스

예약은 고객이 계획하고 있는 행사를 차질 없이 진행하기 위해 식당과 약속을 하는 것이므로, 예약 담당자는 고객의 모든 요구사항을 정확히 접수하여 사전준비와 효율적인 서비스로 고객에게 즐거움과 만족을 주도록 최선을 다해야 한다.

식당 예약은 고객과 식당 사이에 날짜, 시간, 인원, 메뉴, 가격 등을 상호 약속하여 제공하고 제공받는 것을 말한다. 따라서 업무적인 관계로 고객을 접대하거나 인간관계를 나눔에 있어서 예약의 의미는 식당 이용에 있어서 중요하다.

예약접수의 방법으로는 고객에 의한 직접 예약, 전화, 팩스, 인터넷 등에 의한 방법이 있다.

1) 예약 접수 경로

- 전화
- 방문
- 인터넷, 팩스 등

2) 예약 과정

① 행사일자, 시간, 인원수, 회사명, 예약자 성명(주최자, 주빈성명), 연락처(전화번호) 등을 확인한 후 기재한다.

② 장소room, table와 좌석배치를 결정한다.

③ 접수대장에 기재사항을 정확히 기록한다.

④ 요구사항(사진, 꽃, 케이크, 텐트, 카드, 안내문, 테이블 메뉴 등) 또는 준비사항 유무를 확인한다.

⑤ 예약사항을 반복 확인한다.

⑥ 취소통보 접수(최소한 하루 전에 통보) 시에 취소자 이름, 취소 일자, 시간, 연락처를 확인한 후 기재한다.

⑦ 통신 매개체나 서신 예약 시 즉시 접수, 통보하도록 조치한다.

⑧ 예약 접수 시 유의사항

- 기재 누락, 숫자 착오(10은 열, 11은 열하나 등으로 사용함이 좋음) 등으로 인하여 고객의 손실은 물론, 식당의 명예가 실추되지 않도록 정확하게 업무를 처리한다.
- 예약된 장소room, table는 행사 예정시간으로부터 1시간 이상 경과되면 상황에 따라 다른 고객에게 판매할 수 있게 한다. 그러나 이런 점에 대해서는 예약 시에 반드시 예약자에게 알려야 한다.

– 예약을 한 고객에게는 하루 전날 다시 한번 확인 전화를 하고, 교통편과 기타 사항을 다시 한번 확인해 본다.

2. 주차 서비스

식당을 방문할 때 자가용을 이용하는 고객의 수는 날로 늘어나고 있다. 하지만 한정된 주차공간에 많은 고객이 주차를 하다보니, 식당에 발을 들여놓기도 전에 주차문제로 불쾌감을 느끼는 고객의 수가 의외로 많다. 많은 기업이나 레스토랑에서는 이런 문제를 해결하기 위해 여러 가지 주차서비스를 시행하고 있다.

홈페이지에 주차대수를 표시하거나, 예약 시 대중교통 이용을 권유한다든지, Valet Parking Service 안내 등 다양한 방법을 사용하고 있는 식당이 늘어나고 있다. 무엇보다 편리하고 안전하고 친절하게 서비스 받을 수 있는 주차 서비스가 준비되어 있어야 한다.

1) 주차장이 있고, 주차요원이 있는 경우

① 고객이 식당 주차장에 들어오면 밝고 정중히 인사한다.

② 차 문을 대신 열어주고, 차안의 귀중품 여부를 물은 후 차를 주차시킨다.
③ 노약자나 어린이가 있을 경우에는 식당 안으로 먼저 안내한다.
④ 우천 시 또는 폭설이 내린 날에 방문하는 고객에게는 고객이 식당 안까지 가급적 빨리 입장할 수 있도록 도와준다.
⑤ 무전기를 통해 고객 수를 식당에 미리 통보한다.

2) 주차장이 있고, 주차요원이 없는 경우

① 마련된 식당의 주차장 위치를 정확히 표시한다.
② 관리인이 없으므로 입구에 입장하는 고객에게 더욱더 친절하게 응대한다.
③ 주차에 관련된 여러 가지 문제가 발생하지 않도록 수시로 신경을 쓴다.
④ 주차요원이 없으므로 입구 안내자는 수시로 주차관리에 신경 쓴다.
⑤ 우천시를 대비하여 입구에 우산을 준비하는 등, 주차장까지의 안내에 만반의 준비를 갖춘다.

3) 주차장도 없고, 주차관리 요원도 없는 경우

① 고객 예약 시 사전에 주차장 없는 것을 안내한다.
② 인터넷 홈페이지나 관련 명함 등에 주차장 유무를 표시한다.
③ 인근 유료 주차장이 있는 경우 위치와 가격을 정확히 알려주고 안내한다.

3. 안내 서비스

식당의 안내 서비스는 고객을 처음 맞이하는 응대서비스이다. 자주 이용한 식당이라면 상관없겠지만, 처음 방문하는 고객은 여러 가지가 낯설게 느껴지므로 첫 응대에 많은 신경을 써야 한다. 고객 안내는 고객 안내자가 따로 있는 식당에서는 담당 안내자나 매니저가 맡고, 그렇지 못한 식당에서는 제일 처음 고객을 접하는 직원이 안내하면 된다.

1) 안내의 요점

① 안내는 '순서대로' 그리고 '빠르게' 한다.

② 빈자리가 났는데도 손님을 오래 기다리게 해서는 안 된다.

③ 가능한 한 손님이 원하는 자리로 안내한다.

④ 고객이 원하는 자리에 안내가 가능하지 않을 경우에는 정중하게 이유를 설명하고 다른 좌석으로 안내한다.

⑤ 좌석을 효율적으로 이용하기 위해 항상 빈자리에 관한 정보를 '안내팀'에 알려준다.

⑥ 뒤에 손님이 따라오고 있다는 것을 의식해 경쾌한 태도로 안내한다.

2) 고객 안내 요령

① 미소 띤 얼굴로 공손한 인사와 아울러 명랑한 인사말로 고객을 맞이하며, 지정된 장소로 영접할 때 손바닥은 펴고 손등이 아래로 오도록 하여 방향을 가리키면서 안내한다.

② 고객 응대자는 예약 여부를 확인한 후 2~3보 앞장서서 테이블로 안내한다. 이때 고객을 의식하지 않고 혼자서 걸어가는 일이 없도록 주의한다.

③ 고객과의 거리는 2~3보 이상 떨어지지 않도록 한다. 걸음이 빠른 고객에게는 빠르게, 걸음이 늦은 고객에게는 천천히 보조를 맞춘다.

④ 테이블에서 고객을 안내할 때, 식탁 사정이 허락하는 한 자리의 선택은 고객에게 맡기는 것이 좋다. 고객이 만족할 수 있는 자리를 먼저 찾아 권유해 보는 것이 현명하다.

⑤ 예약 고객인 경우 사전에 성명, 예약 사항을 숙지하여 영접 시 성명을 불러줌으로써 고객으로 하여금 친밀감을 갖도록 하며, 예약에 따른 장소 및 모든 준비사항 등을 확인한다.

⑥ 예약 고객이 아닌 경우 먼저 인원수를 물어본 후 고객이 원하는 장소의 제공이 가능한지 여부를 확인하고, 고객이 만족할 수 있는 자리로 최대한 수용하도록 한다. 그렇지 못할 경우 양해를 구한다.

⑦ 고객에게 제공할 테이블이 없을 경우에는 정중히 양해를 구하고, 대기실 또는 별도로 마련되어 있는 장소로 안내하면서 기다려야 할 시간을 알려준다. 또한 대기자 명단에 기록한 후, 자리가 마련되면 순서에 따라 차례대로 좌석을 배정한다.

⑧ 한쪽 station으로 고객이 몰리지 않도록 골고루 자리를 배정하고, 합석은 원칙적으로 금한다.

⑨ 고객이 식당에 들어올 때에는 모자나 외투 등을 입구 가까운 곳에 받아두도록 한다.

식당 입구에는 반드시 휴대품 보관을 할 수 있는 시설을 갖춰야 한다.

다만, 여성일 경우에는 모자를 쓴 채 그대로 들어가 앉아도 예의에 벗어나지 않는다. 착석 시에 외투를 받아서 의자 뒤쪽에 걸친다든지 혹은 입장 시 고객의 요구에 따라 보관토록 한다.

⑩ 고객이 만족해하는 식탁에 당도하면 '레이디 퍼스트' 원칙에 따라 먼저 여성이나 어린아이의 착석을 도와준다.

4. 착석 서비스

안내받은 고객이 자리에 앉는 것을 도와주는 서비스이다.

특히 노약자나 어린이, 환자의 원활한 식사를 위해 처음부터 배려한다는 느낌으로 세심하게 서비스한다.

① 고객이 자리에 앉기 쉽게 두 손으로 의자 등받이를 잡아 가볍게 빼고, 고객이 착석할 때 두 손과 한쪽 무릎을 사용하여 살며시 밀어준다.

② 착석 순서는 노약자 → 어린이 → 지체부자유자 → 여성 순으로 앉도록 돕고, 주빈

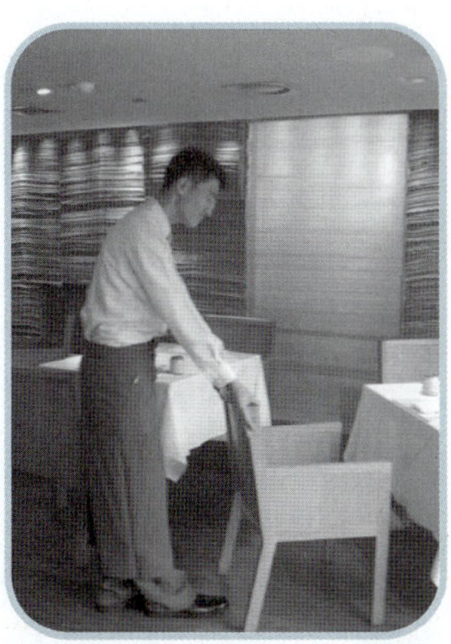

이 마지막으로 착석하도록 돕는다.

③ 착석이 끝나면 테이블 담당자에게 인계하고, 즐거운 시간이 되기를 바란다는 정중한 인사를 한 후 제 위치로 돌아온다.

④ 고객이 자리에 앉기 전에 두꺼운 외투나 많은 짐을 가지고 있으면 보관장소에 보관하여 드리고 앉는 서비스를 돕는다.

5. 메뉴 및 주문 서비스

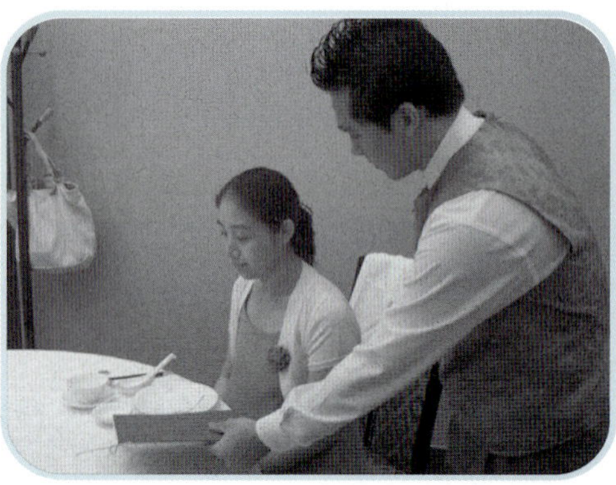

서비스의 최대 관건은 손님을 오래 기다리지 않게 하는 것, 곧 '속도'이다.

속도에는 올바른 '메뉴 내놓는 법'과 '주문받는 법'이 중요하다. 손님이 자리에 앉으면 재빨리 물과 물수건을 가져다 준다. 시간이 너무 오래 걸려서는 안 된다. 손님은 음식이 나오기 전까지의 시간을 즐기기 때문에 분위기를 망치지 않도록 주의한다.

식당에 머무르는 동안 손님이 '마음 놓고 모든 것을 맡겨도 된다.'는 기분이 들게끔 실수 없이 접대한다.

1) 주문받기 요령

① 메뉴는 고객의 우측에서 드리고, 주문받을 때에는 고객의 좌측에 위치한다.

(식당의 업태나 경우에 따라서는 유동적일 때가 많다.)

② 항상 메모용지와 볼펜을 지참하여 즉시 주문내용

을 받아 적는다.

③ 주문 기록은 통일된 약자로 정확히 기재하며, 반드시 복창하여 확인한다.

④ 펜을 쥐고 가슴 앞으로 하며, 허리를 15도 정도 숙이고, 고객의 좌측에서 얼굴을 주시하며 공손하게 주문을 받는다.

⑤ 차림표를 고객에게 제시할 때, 남녀일 경우에는 여성에게 먼저 보인다. 연회 시와 같이 많은 고객인 경우에는 주빈 또는 주최자의 왼쪽 고객부터 시계방향으로 여자, 남자, Hostess, Host의 순으로 돌면서 주문받는 것이 원칙이다.

⑥ 고객의 특별한 주문 요청이 있을 경우 주방과 신속히 연락하여 가능 여부를 확인한 후 주문을 받는다.

⑦ 시간이 오래 걸리는 요리는 주문받을 때 반드시 소요시간을 고객에게 일러주어야 한다.

⑧ 요리 주문이 끝나면 와인 리스트를 고객의 우측에서 제시한다.

⑨ 와인은 주로 주문된 주요리에 잘 어울리는 품목으로 권유하여 주문받는다.

⑩ 주요리 식사가 끝나면 후식 주문과 음료 주문을 받는다.

⑪ 주문이 끝나면 감사의 표시로 정중하게 인사한 후 물러난다.

2) 메뉴 추천 요령

① 메뉴 추천을 하기 전에 가능한 한 고객의 유형을 신속히 파악하여 고객으로 하여금 구매의욕을 최대한 유발시킬 수 있도록 자신의 능력을 발휘해야 한다.

② 고객의 주문 여하에 따라서 그날의 매상이 결정된다는 생각 하에 사전에 추천하기로 결정한 상품을 집중적이고 효과적으로 설명하여 이윤증대에 기여해야 한다.

③ 고객으로부터 비싼 메뉴를 강매하는 인상을 주어서는 안 되므로, 항시 고객의 입장과 식당의 매상을 유념하여 가장 합리적인 주문이 이루어지도록 추천한다.

④ 추천 상품은 주로 그날의 특별 요리, 새로 입하된 식자재 메뉴, 수익성이 높고 재고가 풍부한 상품, 특별행사 메뉴 등이 주종을 이루며 이런 상품들이 수익증

대에 크게 기여한다.

⑤ 단골 고객인 경우 사전에 고객의 기호를 암기하여 기호에 맞는 추천으로 단골 고객과의 호의적인 관계를 돈독히 한다. 또한 고객관리 자료카드를 기록, 유지하여 단골 고객에게 항상 만족된 서비스가 이루어지도록 한다.

⑥ 음료주문과 추가주문은 매출증진과 이윤증대에 많은 비중을 차지하므로 적극적인 자세로 추천 판매한다.

3) 주문받을 때의 유의사항

① 종사원은 영업 전에 주방과 긴밀한 연락으로 판매품목 중의 품절 상품 및 그날의 특별요리를 숙지하여 주문 시에 착오가 없도록 한다.

② 차림표는 식당의 얼굴이므로 소중하고 깨끗이 취급해야 하며, 고객에게 보여드리기 전에 메뉴 속의 이상 유무를 확인한 후 드린다.

③ 메뉴 설명 시 고객이 이해하기 힘든 전문용어를 사용해서는 안 된다.

④ 메뉴 설명 시에 절대 손가락으로 가리켜서는 안 되며, 손을 펴서 손바닥이 위로 오도록 하여 메뉴 품명을 가리킨다.

⑤ 주문서 작성 시 날짜, 식탁번호, 고객수(외 · 내국인 구분), 담당자 고유번호, 요리 품명 · 수량, 특별주문 내용 등이 틀리지 않도록 정확히 기록하여 접객 서비스에 실수가 없도록 한다. 또한 요리와 음료는 각기 따로 작성하고, 되도록 정정 또는 이중 기입을 하지 않는다.

⑥ 육류 주문 시 굽는 정도, 계란 주문 시 익히는 정도, 샐러드드레싱 종류 등 고객이 기호에 맞게 선택하도록 반드시 여쭤보고, 주문서에 정확히 기입하여 주방에 건네준다.

⑦ 주문받을 때에는 메뉴 구성의 순서대로 주문받도록 하며, 고객의 특징 또는 번호를 표기함으로써 정확한 서비스를 할 수 있으며, 고객에게 호감을 받을 수 있다.

4) 메뉴의 숙지

① 가장 빨리 서브될 수 있는 그날의 요리를 숙지한다.
② 어린아이에게 적합한 요리의 종목을 숙지한다.
③ 일품요리를 찾는 고객들에게 그릴이나 로스트 등의 메인코스에 제공되는 샐러드나 야채 및 감자의 조리방법과 준비된 종류를 알아둔다.
④ 그날에 준비된 후식 코스에 나갈 수 있는 종류를 숙지한다.

6. 음식 서비스

1) 접객 서비스의 기본 수칙

① 종사원들은 접객 서비스에 임할 때 반드시 서비스 순서를 염두에 두어 효율적으로 일을 처리해야 한다.
② 서비스 순서는 주문받을 때와 동일하게 시계 방향으로 Lady First, 연령의 노소, 직위 고하, Hostess, Host의 순으로 행한다.
③ 서비스 시에 종사원들은 주문된 요리가 준비되는 시간, 주방에서 테이블까지 운반할 때 걸리는 시간 등을 확인하여 고객이 요리를 기다리거나 또는 종사원을 찾는 일이 없도록 신속하게 요리를 서브하여 즐거운 식사가 이루어지도록 한다.
④ 종사원들은 제공된 요리를 빠진 것이 없는지 여부와 고객이 무엇을 요구하려는 기색이 없는가를 확인하기 위해 고객에게 접근하여 "요리는 어떻습니까? 그 밖에 더 필요하신 것은 없으십니까?"라고 정중히 여쭈어보며, 고객기호 파악 및

요구사항의 신속한 처리로 만족한 식사가 되도록 최선을 다한다.

2) 식음료 서비스의 기본 수칙

① 음식이 미리 접시에 담겨진 것은 왼손으로 들고, 고객의 오른쪽에서 오른손으로 브한다.

② 음식을 큰 접시에 담아서 서브할 때에는 고객의 왼쪽에서 오른손으로 서브한다.

③ 음식을 서비스할 때에는 양발의 간격을 25~30cm 정도 벌리고, 무릎을 구부려 높낮이를 조절한다.

④ 요리를 서브하기 전에 고객의 주문 내용에 따라 요리에 맞는 기물에 테이블 세팅을 고친다.

⑤ 음료를 서브할 때에는 고객의 우측에서 오른손으로 제공하며, 빵과 요리에 따른 소스, 샐러드드레싱을 제공할 때와 플레이트 서비스 시는 고객의 좌측에서 showing 한 후에 서브하는 것이 원칙이다.

⑥ 음식을 서브할 때에는 반드시 "주문하신 ○○ 또는 ○○ 요리 올려드리겠습니다. 맛있게 드십시오."라고 정중히 말한다.

⑦ 음식을 서브할 때와 치울 때에는 트레이tray 또는 접시가 절대로 고객의 머리 위를 스쳐 지나가서는 안 된다.

⑧ 접시를 쥘 때에는 절대로 엄지손가락이 접시의 테 안쪽으로 들어가지 않도록 쥔다.

⑨ 무늬나 마크가 들어있는 접시 또는 그릇은 무늬나 마크가 고객의 정면으로 오도록 하고, 접시를 놓을 때에는 테이블 끝에서 약 2cm 정도 안쪽으로 살며시 놓는다.

⑩ 종사원이 고객의 테이블 앞에서 직접 조리해야 하는 요리일 때에는 고객의 취향을 여쭈어본 후 고객의 기호에 맞게 조리한다.

⑪ 고객이 다 드신 빈 식기를 치울 때에는 오른손으로 손가락을 완전히 편 채 식기를 가리키며 "맛있게 드셨습니까?, 치워드려도 될까요?" 또는 "식기 정리해 드

려도 되겠습니까?"라고 반드시 여쭤본 후 치운다.

⑫ 기물을 다룰 때에는 절대 소음이 나지 않도록 취급해야 한다.

⑬ 병에 든 양념류인 Hot Sauce, Steak Sauce, 토마토케첩 등은 항상 병 주둥이를 깨끗이 하고, 마개를 열기 쉽게 살짝 덮어둔다.

⑭ 집기류는 맨손으로 운반하지 않으며, 서비스쟁반이나 냅킨에 싸서 운반한다.

⑮ 주된 요리는 마지막 고객이 식사를 끝났을 때 빈 접시를 빼며, 식탁에 찌꺼기가 떨어져 있으면 핸드 타월로 살짝 훔쳐낸다.

디저트가 나가기 전에 모든 집기류를 치우며, 글라스류와 디저트용 기물만 남겨둔다.

⑯ 식사가 끝난 뒤의 빈 접시나 글라스는 모두 고객의 오른쪽에서 오른손으로 빼낸다.

⑰ 고객이 순서에 틀리게 기물을 사용했을 때에는 이미 사용한 것은 빼고, 새로운 집기를 갖다 놓는다.

3) 음료 서빙

① 음료는 고객의 오른쪽에서 오른손으로 서브한다.

② 글라스는 위생상 반드시 1/3 하단 쪽을 손끝으로 가볍게 쥐고, 워터글라스 또는 와인글라스 우측 아래에 놓는다.

③ 테이블에 글라스를 놓을 때에는 소리가 나서는 안 되며, 놓은 후에는 고객 앞으

로 1cm 정도 살며시 밀어주며 "주문하신 ○○○입니다. 맛있게 드십시오."라고 말한다. (모든 식기는 테이블에 놓을 때 위와 같은 방법으로 한다.)

④ 칵테일 서브 시에는 머들러muddler를 글라스에 꽂아서 서브한다.

⑤ 식탁보를 사용하지 않는 테이블에 음료 글라스를 놓을 때에는 코스터coaster 또는 칵테일 냅킨을 깔고 서브한다.

4) 맥주 서빙

① 맥주와 맥주 글라스는 반드시 차갑고 깨끗하게 보관된 것을 서브한다.

② 맥주를 따를 때에는 넘치지 않게 글라스에 7부 정도 채우고 나머지 3부 정도는 거품이 솟아오르도록 붓는 것이 가장 이상적인 방법이므로, 병을 천천히 잘 조절해 따르도록 한다.

③ 맥주를 따를 때에는 맥주병이 글라스에 닿지 않도록 1~2cm 정도 띄워서 따르도록 한다.

④ 글라스에 채우고 남은 맥주병은 상표가 고객 앞으로 향하도록 맥주 글라스 위쪽에 놓는다.

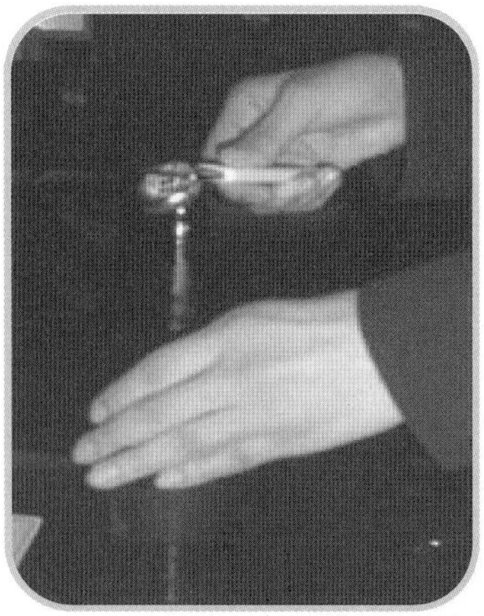

5) 얼음물 서빙

① 물을 따르기 전에 워터 피처water pitcher 표면에 묻어 있는 물방울이 흘러내리지 않도록 암타월arm towel로 닦아내어, 테이블이나 고객의 옷에 물방울이 떨어지지 않도록 한다.

② 물을 따를 때에는 고객의 우측에서 오른손으로 워터 글라스에 7부 정도 따르며, 고객이 퇴장할 때까지 물을 충분히 보충해 항상 7부 정도 유지하도록 한다.

③ 물을 따를 때 워터 피처가 글라스에 닿지 않도록 2cm 정도 높은 위치에서 따른다.

④ 물을 따를 때에는 글라스를 손으로 들고 따라서는 안 된다.

6) 보조접시 서빙

서빙 요리에 따라서 보조접시나 뼈 담는 그릇을 같이 서브해야 한다. 고객이 주문하기 전에 인원수에 맞춰 준비한다.

7) 음식 서빙

① 뜨거운 요리는 뜨겁게, 차가운 요리는 차게 서브해야 한다.

② 뜨거운 요리를 서브할 때에는 고객에게 대단히 뜨겁다는 말을 해 주의를 환기시켜 드린다.

③ 요리에 따라서 소스의 종류가 많은데, 일반적으로 묽은 소스류는 주요리에 골고루 끼얹어 주고, 농도가 진한 소스류는 주요리에 끼얹지 말고 주요리 옆에 즉, 접시의 빈 부분에 덜어준다.

④ 그 외 기본 테이블 소스는 사전에 Service Station 또는 보조 테이블에 준비하여 고객이 요구할 때에는 즉시 제공토록 하며, 서브하기 전에는 마개를 열어 병입구가 깨끗한지 확인한 후 상표가 고객 앞으로 오도록 하여 고객 우측 가까이 테이블에 놓아준다.

⑤ 생선요리를 서브할 때에는 보조접시로 레몬을 같이 제공한다.

⑥ 생선요리 서브 시에는 요리가 머리와 꼬리부분으로 구분할 수 있는 모양일 때에는 고객의 정면에서 머리는 왼쪽으로, 꼬리부분은 오른쪽으로 향하고, 배 부분이 앞쪽으로 오도록 놓는다.

⑦ 식사가 끝나기 전에 이쑤시개 포장지의 마크가 한쪽으로 일치되도록 홀더holder에 가지런히 담아 테이블에 놓는다.

8) 커피와 티 서빙

① 커피잔은 항상 따뜻하게 데워두고, 밑받침은 컵이 미끄러지지 않도록 도일리

doily를 깔아서 세팅한다.

② 커피잔은 고객의 우측에서 손잡이가 오른쪽으로 향하도록 물컵 아래쪽에 놓아 주며, 티스푼은 잔의 앞부분에 손잡이와 평행되게 얹어 놓는다.

③ 깨끗이 준비된 설탕과 크림 볼bowl은 양이 충분하고 깨끗한지 체크한 후 손잡이가 고객쪽으로 향하도록 하여 고객이 쉽게 집을 수 있는 위치에 서빙한다.

④ 커피 서비스 온도는 80℃ 정도가 좋으며, 컵에 8부 정도 채워준다.

⑤ 고객이 커피를 다 마셔 갈 즈음에 더 마실지 여쭈어보고, 원할 경우에는 second service를 한다.

⑥ 커피 크림은 항상 냉장고에 보관하여 차갑고 신선한 것을 사용하며, 서브하기 전에 이상 유무를 확인한다.

⑦ 냉커피 또는 아이스티는 글라스에 적당히 얼음을 넣고, 차게 식힌 커피 또는 차를 글라스에 7부 정도 따른 후 마시기 용이하게 빨대와 설탕 시럽을 같이 서브하며, 아이스티에는 레몬 조각을 함께 서브한다.

⑧ 차를 서브할 때에는 칵테일 픽cocktail pick에 끼운 레몬조각 2쪽 또는 뜨거운 우유를 준비하여 고객의 기호에 맞게 서브한다.

⑨ 차 서비스 온도는 80℃ 정도가 좋으며, 티백을 포트에 넣지 않고, 서브할 때에는 뜨거운 물과 티백을 따로 서브한다.

7. 테이블 정리 서비스

1) 빈 접시 치우기

① 고객이 다 드신 빈 접시를 치울 때에는 큰 접시부터 작은 접시의 순으로 같은 크기의 접시를 통일해서 뺀다. bowl, glass 등 작은 식기는 트레이tray를 사용해서 뺀다.

② 고객이 남긴 음식과 포크와 나이프를 분리하여 한 접시에 모을 때에는 고객에게 보이지 않도록 고객 뒤쪽으로 물러나서, 소음이 나지 않도록 조용히 정리하여 서비스 냅킨으로 덮어서 치운다. 또한 정리한 기물은 서비스 스테이션이나, 보조테이블에 방치해서는 안 되며 즉시 세척기에 넣어 깨끗이 씻을 수 있게 운반한다.

③ 후식을 서브하기 위해서 워터글라스와 와인글라스를 제외한 불필요한 기물이 테이블에 남아 있지 않도록 깨끗이 치운다.

2) 재떨이 교체

① 재떨이 교체는 고객이 입장하여 퇴장할 때까지 담배꽁초가 2개 이상 넘기지 않도록 계속하여 깨끗한 재떨이로 교체한다.

② 재떨이 마크는 고객의 정면에서 똑바로 보이도록 세팅한다.

③ 재떨이를 교체할 때에는 담뱃재가 테이블 위나 음식에 날리지 않도록 깨끗한 재떨이로 소리 나지 않게 가볍게 덮어서 같이 뺀 후, 덮었던 깨끗한 재떨이를 그 자리에 놓는다.

④ 재떨이에는 더러운 자국이나 물기가 있어서는 안 되며, 금이 갔거나 흠이 있는 재떨이는 사용하지 않는다.

⑤ 재떨이를 사용할 때에는 트레이tray를 사용하며 미끄러져 깨지지 않도록 하고, 소음이 나지 않도록 한다.

⑥ 사용된 성냥은 세팅 시 재사용해서는 안 되며, 성냥을 켤 때에는 불티가 고객 쪽으로 튀지 않도록 성냥개비를 몸 쪽으로 향해 그어서 켠다.

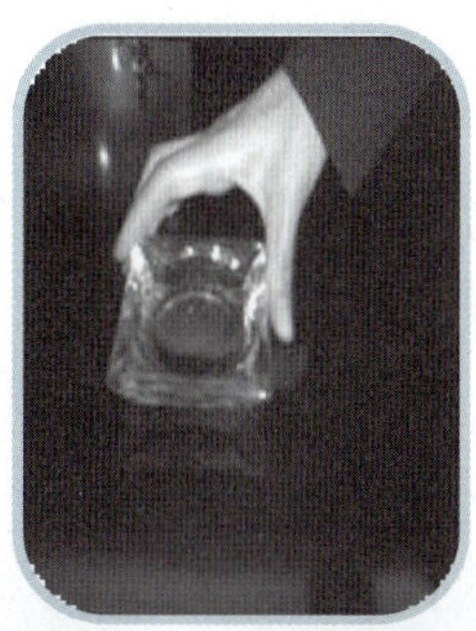

8. 계산 서비스

① 계산은 캐시어 데스크에서 이루어지는 것이 원칙이나, 테이블에서 고객이 요구할 때에는 계산서를 갖다 준다.

② 고객에게 계산을 받기 전에 계산서의 기재사항(table number, 고객수, 금액, 품목 등)을 확인한다.

③ 계산서는 빌 홀더bill holder에 끼워서 보여주며, 영수증과 거스름돈은 치트트레이chit tray에 담아 공손히 준다.

④ 고객이 수표로 지불할 때에는 수표 뒷면에 고객의 성함, 연락처 등을 기재한 후 받도록 한다.

⑤ 신용카드로 계산 시 Easy Checker기를 사용한 후 청구서에 고객의 서명을 받는다. 서명 후 카드 청구서 중 고객용 copy와 계산서의 영수증을 함께 고객에게 드린다.

⑥ 후불로 할 때에는 고객의 주민등록증 확인과 명함 등을 받아 지배인에게 보고한다. 후불로 처리할 때에는 계산서에 서명을 받고 가격을 말하며, 영수증은 주지 않는다. 또한 Information Charge 용지에 기재사항을 정확히 기입하여 계산서와 같이 캐시어에게 인계한다.

⑦ Room Sign 시에는 고객의 객실 키와 객실번호를 확인하고 Full Name과 서명을 정확히 받도록 한다.

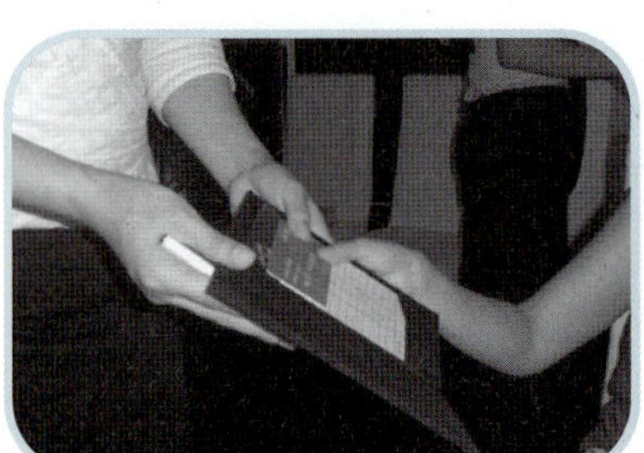
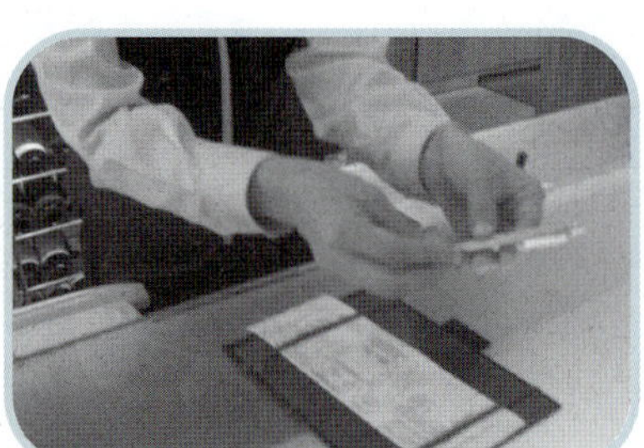

9. 뒷정리 서비스

손님이 돌아가면 뒷정리를 하고 다음 손님을 맞을 준비를 한다.

다음 손님이 기다리지 않도록 뒷정리는 재빨리 한다. 옆 테이블에서 고객이 식사 중일 수 있으므로 뒷정리를 할 때는 요란한 소리가 나지 않도록 주의한다.

① 식기는 같은 종류, 같은 크기끼리 포갠다.
② 유리컵을 다른 그릇과 포개놓아 상처가 나지 않도록 조심한다.
③ 찌꺼기는 하나의 접시에 모은다.
④ 그릇끼리 부딪치거나 요란한 소리를 내지 않는다.
⑤ 뛰지 않는다.
⑥ 손님의 물수건으로 테이블을 닦지 않는다.
⑦ 테이블 밑이나 의자가 더럽지 않은지 확인한다.
⑧ 테이블 결을 따라 닦는다.
⑨ 테이블 모서리까지 정확히 닦고, 쓰레기는 테이블 중앙에 모아 놓는다.
⑩ 청결한 행주를 사용한다.
⑪ 테이블에 양념류가 다 갖춰져 있는지 확인한다.
⑫ 테이블, 의자를 가지런히 정돈하고 빠진 것은 없는지 마지막으로 확인한다.
다른 테이블과의 균형을 고려해 의자를 정돈한다.

1) 뒷정리 서비스의 주의사항

① 고객이 두고 간 물건을 발견했을 경우, 고객이 아직 카운터에 있다면 빨리 알려 드린다. 만약 고객이 이미 돌아간 후라면 나중에 찾으러 올 것을 대비하여 잘 보관하여 둔다. 이름, 주소를 알고 있다면 곧바로 회사나 자택에 연락을 한다.
모를 경우에는 메모지에 날짜, 시간, 테이블번호 등을 적어 물건에 붙인 뒤 전표에 분실물이 있다고 적어 둔다. 이렇게 하면 문의가 왔을 때 금세 확인할 수 있다.

② 고객이 먹다 남긴 음식 가운데 포장할 수 있는 것은 "포장해 가시겠습니까?"라고 고객의 의향을 여쭤보고 포장해 드린다.

③ 뒷정리는 빠르고 조심스럽게 한다.

④ 테이블 위의 비품 가운데 부족한 것은 충분히 보충해 둔다.

2) 테이블 정리 Point

- 양념류는 충분히 들어있는가? 습기는 차지 않았는가?
- 용기는 더럽지 않은가?
- 순가락, 젓가락, 종이 냅킨은 충분한가?
- 재떨이는 새것인가? 젖어 있지 않은가?

10. 환송 서비스

식사를 즐겁게 마치고 돌아가는 고객을 마지막까지 보살펴 드리는 서비스를 환송 서비스라 한다. '식사는 맛있게 하셨는지?', '불편한 점은 없으셨는지?' 고객이 점포의 문을 나서기 전까지 배려와 인사를 잊지 않는다. 고객의 서비스별 감동지수에서 마지막 환송 서비스의 순간이 가장 기억에 많은 부분을 차지한다는 연구도 있다. 대부분 식음료 서비스 때까지는 잘 응대하다가, 바쁘거나 서비스가 끝났다는 안도감으로 환송 서비스를 제대로 못하는 경우가 많은데, 잊지 않고 마지막까지 고객 응대에 최선을 다해야 한다.

① 감사의 인사를 한 후 잊은 물건이 없는지, 맡겨 둔 물건이 없는지 확인한다.
② 겨울이나 우천 시 코트나 우산 등을 두고 가지 않는지 살펴드린다.
③ 고객이 돌아갈 준비를 끝낼 때까지 기다린다.
④ 돌아갈 준비가 다 된 것을 확인하고 나서 인사한다.
　자세를 바르게 하고 정성껏 인사한다. 재촉하지 않도록 조심한다.
⑤ 캐시어만 인사를 할지 종사원 전체가 "고맙습니다."라고 인사할지 점포의 방침에 따라 친절한 응대 방법을 구사한다.
⑥ 연세가 높은 고객이 테이블에서 갈 준비를 하실 때는 테이블로 다가가 준비를 도와드린다. 의자를 잡아당겨 드리거나, 짐을 들어주는 등 적극적인 응대를 해드린다.
⑦ 일행이 많으면 몇 명이 함께 거들어드린다.
⑧ 자기 담당 테이블이 아니어도 신경을 써드린다.
⑨ 고객의 신발 서비스를 도와드린다.
⑩ 신발장에 보관하는 곳일 경우 번호표와 신발이 정확히 맞는지 확인 후 도와드린다.

⑪ 고객이 돌아갈 때에는 종사원 전체가 신경을 쓴다.

고객이 돌아갈 채비를 하고 있는데, 아무렇지도 않게 옆을 지나가서는 안 된다. 아무리 바쁠 때라도 "고맙습니다."라고 인사말을 한다.

⑫ 고객이 어떠한 인상을 가지고 돌아가는지가 매우 중요하다.

제6장

식당용 집기 비품

식당에서 사용되는 서비스기물은 식당의 소중한 재산이다. 일반적으로 식음료업장에서 사용하는 기물과 비품의 종류는 메뉴 및 서비스 방법에 따라 각기 다르다. 그러나 양식당에서 사용되는 기물과 비품이 모든 레스토랑이나 식당의 기본적이고 대표적인 기물이 되므로, 이를 중심으로 종류 및 사용법에 대해서 알아보기로 한다.

식음료의 서비스기물은 식사를 하거나 음료를 마시는 데 직접적으로 필요한 기물류와 서비스를 보조해 주는 기타 비품류로 구분할 수 있다. 또한 기물류에는 크게 은기물류 Silverware · 도자기류 Chinaware · 글라스류 glassware가 있으며, 비품류에는 서비스 스테이션 Service Station · 카트 Cart · 웨건 Wagon · 트롤리 trolley 등이 있다.

제1절 기물의 종류 및 측정법

1. 은기물류(Silverware)

실버웨어Silverware는 순은제와 은도금의 두 종류가 있으며, 대부분 양식당에서 은도금 기물을 사용하고 있다. 은도금 기물은 원가가 비싼 관계로 고급 식당에서만 사용하고 있으며, 일반 식당에서는 품질이 좋은 스테인리스stainless 기물도 많이 사용하고 있다.

이들을 취급할 때에는 소음을 내서는 안 된다. 특히 테이블 세팅을 할 때에는 더욱 조심해서 취급해야 한다. 은기는 녹이 슬 염려가 있으므로 뜨거운 물에 깨끗이 닦은 후에 반드시 마른 디쉬타월Dish Towel로 닦아 건조하게 보관해야 한다.

1) 은기물류의 종류

(1) 쟁반Service Tray

- 깨끗하게 사용하고 보관한다.
- 물건이 미끄러지지 않게 언제나 매트mat를 깐다.

• 제품별로는 다음과 같다.
스테인리스 Stainless, 플라스틱 Plastic, 은기제품 Silver

• 용도별로는 다음과 같다.
둥근 쟁반 Round Tray, 타원형 쟁반 Oval Tray, 사각 쟁반 Square Tray, 직사각 쟁반 Rectangular Tray

(2) 나이프 & 포크 Knife & Fork

나이프와 포크는 용도에 따라 여러 종류가 있다. 포크가 처음으로 사용된 것은 16세기 프랑스 앙리 2세 때에 궁중에서부터라고 전한다. 이렇게 귀족 계층에서만 사용되다가 1866년 이후에 일반 대중에게 널리 보급되었다.

2) 은기물류의 취급 요령

① 사용된 기물은 지정된 개수통에 모은다. 부딪혀서 찌그러지거나 흠이 생길 우려가 많으므로 절대 던져 넣거나 한꺼번에 쏟아 넣어서는 안 된다.

② 은기물 종류와 스테인리스 종류는 반드시 따로 구분하여 모아 기물의 손상을 방지한다.

③ 모인 기물은 디쉬워셔Dish Washer에서 뜨거운 물로 세척액을 사용하여 충분히 씻어낸다.

④ 세척 후 기물을 종류별로 가지런히 모은다.

⑤ 뜨거운 물을 용기에 따로 준비한다.

⑥ 종류별로 분류된 기물을 왼손에 적당량 쥐고 용기에 든 뜨거운 물에 담갔다가 핸드 타월로 기물의 손잡이를 감싸 쥐고, 오른손으로 음식이 닿는 부분부터 손잡이 쪽의 순서로 물기가 완전히 제거되도록 신속한 동작으로 깨끗이 닦는다. 특히 나이프와 포크를 닦을 때는 반드시 포크부터 닦는다.

⑦ 여러 종류의 기물을 한꺼번에 닦을 때는 반드시 포크부터 닦는 것이 용이하며, 변색된 기물은 광택제로 깨끗하게 윤을 내어 사용한다.

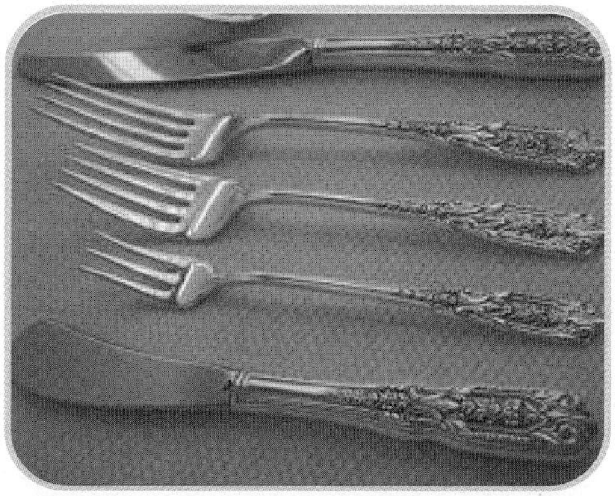

⑧ 잘 닦은 기물은 종류별로 가지런히 모아서 기물함 또는 규정된 보관장소에 깨끗하게 비치한다.

⑨ 깨끗하게 준비된 기물로 테이블 세팅Table Setting을 할 때는 음식이 닿는 윗부분을 손으로 잡거나 만져서는 절대 안 되고, 반드시 손잡이 부분을 모로 잡아 가능한 한 손자국이 나지 않도록 취급하며, 운반할 때는 소음이 나지 않도록 트레이tray를 사용한다.

2. 도자기류(Chinaware)

차이나웨어Chinaware는 선사 시대부터 사용되어 온, 긴 역사를 통해서도 알 수 있듯이 그 종류가 무척 다양하다. 취급과 운반 시에 깨지지 않도록 상당한 주의를 요한다. 금이 가거나 깨졌거나 작은 긁힘이 없는가를 확인한 후, 손상된 것들은 사용하여서는 안 된다. 간혹 중국요리 전문점에서는 이러한 기물이 복을 가져다준다고 사용하는 경우를 종종 볼 수 있으나. 우리나라에서는 깨진 그릇에 대한 나쁜 인식 등으로 인해 고객의 기분을 상하게 할 수 있다.

또한 식기와 식기가 부딪히지 않도록 항상 조심해서 다루며, 운반 시 한꺼번에 많은 양을 취급하지 않도록 한다.

1) 도자기류의 종류

■ **접시**Plates

요리제공용 접시로서 Dinner용, Fish용, Dessert용, Bread용, Soup용 등이 있다.

■ **접시 밑받침**Underline

수프 밑받침, 커피 컵 받침, Show Plates 등이 있다.

■ 컵Cup

Coffee Cup, 데미타스컵Demitasse Cup, 부용컵Bouillon Cup 등이 있다.

■ 볼Bowl

Cereal Bowl, Salad Bowl 등이 있다.

2) 도자기류의 취급 요령

① 접시를 운반하는 방법에는 2개, 3개, 4개 드는 법과 여러 개를 한꺼번에 운반하는 방법이 있다. 취급 시에는 접시의 테두리rim 안쪽으로 손가락이 절대 들어가지 않도록 잡아야 한다.

② 요리가 담긴 접시를 쥘 때는 맨 먼저 잡은 접시를 왼손 엄지손가락과 둘째손가락을 사용하여 접시 위 테두리와 밑바닥 테두리를 가볍게 쥐고, 둘째 접시는 첫째 접시 밑으로 접시 끝을 겹쳐 나머지 손가락으로 받쳐 든다.

접시를 잡은 후에는 손목을 약간 안쪽으로 구부리고 둘째 접시 테두리 위와 왼손 팔목 부분에 셋째 접시를 올려놓으면 3개를 들 수 있다.

또한 요리가 담긴 여러 개의 접시를 겹쳐 들 때는 접시가 요리에 닿지 않도록 조심한다.

③ 접시를 들고 운반할 때는 몸 바깥으로 벌어지지 않도록 몸 안쪽으로 접시를 밀착하여 들고, 접시 든 팔을 흔들면서 걷거나 전후·좌우 경계를 소홀히 해서는 안 된다.

④ 사용한 접시를 치울 때는 맨

먼저 잡은 접시에 왼손 엄지와 새끼손가락을 접시 위로 걸치고 나머지 손가락으로 접시 밑을 받쳐 손가락 사이에 가볍게 끼운다.

⑤ 포크는 왼손 엄지손가락과 접시 사이에 끼워 잡고, 나이프는 포크 밑으로 가지런히 끼워 바닥에 기물이 떨어지는 것을 방지한다.

⑥ 다음 접시는 왼손 팔목 부분 위에 올려놓고, 나이프는 손에 든 접시의 포크 밑으로 가지런히 끼우고, 음식물은 나머지 포크로 밑접시에 쓸어 담는다.

⑦ 그 다음 접시도 같은 요령으로 처리하여 포개며, 절대 소음이 나지 않도록 한다.

3. 글라스 류 (Glassware)

글라스웨어Glassware는 원통 모양Cylindrical glass과 굽 달린 모양Stemmed glass의 두 종류로 크게 나눌 수 있다. 각종의 글라스는 디자인과 용도, 용량에 따라 각기 만들어지고 있지만 제조자에 의해서 같은 용도의 것이 달리 만들어지기도 한다.

또한 취급 시에는 파손될 우려가 많으므로 각별히 조심한다.

1) 글라스 류Glassware의 종류

(1) 스템웨어Stemware

Stem(기둥)이 달린 음료용 유리잔으로서 Wine glass, Water goblet, Juice glass Champagne glass, Liquor glass, Brandy glass, Sherry wine glass, Cocktail glass 등이 있다.

(2) 텀블러 Tumbler

원통형 유리잔으로서 High ball glass, Tom collins glass, Old fashion glass, Beer glass 등이 있다.

(3) 기타

Decanter, 유리제 물주전자 등

(4) 유리제 접시류

Relish 그릇, 식초와 기름 담는 유리 제품

(5) 컨테이너 Container

여러 가지 담는 그릇 류

(6) 파운틴Fountain

셔벗sherbet, 파르페parfait, 소다, 아이스크림용 유리그릇

2) 글라스류의 취급 요령

① 글라스를 쥘 때는 반드시 일부분을 잡아야 하고, 스템stem 달린 손잡이 부분을 쥐어야 하며, 윗부분이나 글라스 안에 손가락을 넣어 잡아서는 안 된다.

② 글라스를 운반할 때는 손으로 운반하는 방법과 트레이tray로 운반하는 방법이 있으며, 원통 모양의 글라스류는 반드시 트레이를 사용하여 운반한다.

③ 트레이로 운반할 때는 글라스가 미끄러지지 않도록 트레이에 매트mat 또는 냅킨napkin을 깔고 무게가 한쪽으로 쏠리지 않도록 중심 자리부터 글라스를 붙여서 놓으며, 내용물이 담긴 글라스를 운반할 때는 조심해서 다루고 전후좌우 경계를 소홀히 해서는 안 된다.

④ 스템드 글라스Stemmed glass를 손으로 운반할 때는 손잡이stem 부분을 손가락 사이에 끼워서 윗부분이 아래쪽으로 향하도록 거꾸로 들고, 글라스와 글라스끼리 부딪히지 않도록 조심해서 운반하며 놓을 때는 맨 마지막에 끼운 글라스부터 역순으로 내려놓는다.

⑤ 한꺼번에 많은 양의 글라스를 운반할 때는 글라스 랙Glass rack을 사용토록 하며 용도(동형, 동종)에 맞는 랙rack을 사용해야 한다.

⑥ 글라스 랙을 사용하여 디쉬 워셔dish washer에 글라스를 세척한다.

⑦ 용기에 뜨거운 물을 따로 준비하여 세척된 글라스를 한 개씩 수증기에 쏘여 깨끗이 닦는다.

⑧ 닦기 전에는 금이 갔거나 깨어진 것인지 확인한 후 닦도록 한다.

⑨ 닦을 때는 냅킨napkin을 펼쳐 잡은 후 한쪽 엄지손가락과 냅킨을 글라스 안쪽에 넣고 나머지 손가락은 글라스 바깥 부분을 쥐며, 다른 한쪽 손은 글라스 밑바닥을 냅킨으로 감싸 쥐고 무리한 힘을 가하지 않도록 글라스를 가볍게 돌려가면서

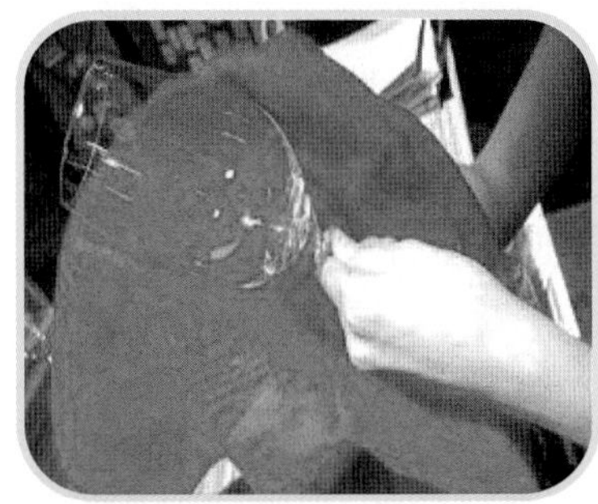

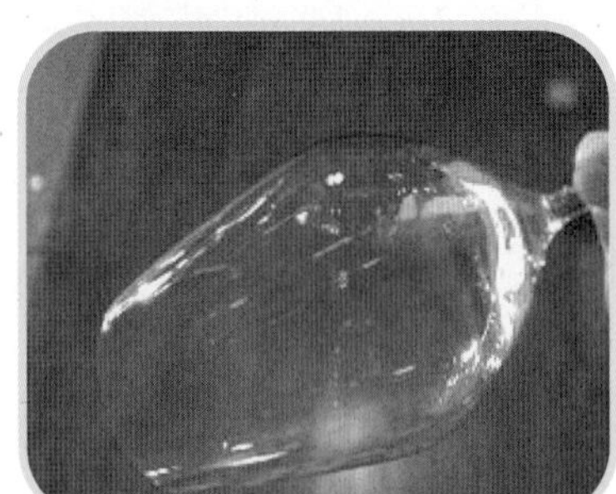

닦는다.

⑩ 닦는 순서는 윗부분부터 안팎을 닦은 후, 손잡이 부분과 밑바닥을 차례대로 물기가 없도록 깨끗하게 닦는다.

⑪ 수증기를 쏘여도 얼룩이나 물 자국 등이 닦이지 않을 때는 뜨거운 물에 담갔다가 닦는다.

⑫ 닦은 후에는 먼지 또는 얼룩이나 물 자국 등이 깨끗하게 닦였는지 철저히 점검한다.

제2절 비품의 종류 및 취급법

1. 카트(cart)류

모든 카트cart류는 항상 청결하게 관리하고, 서비스에 필요한 준비물을 완벽하게 갖춰야 한다. 또한 고객 앞에서 사용되는 목적 이외에 다른 용도로 사용해서는 안 되며, 사용 시에 종사원들은 다음과 같은 안전관리 사항을 준수한다.

- 카트를 난폭하게 조작하여서는 안 된다.
- 카트에 음식 및 재료 이동 외에 사람이 올라탄다든지 하여서는 안 된다.
- 무리하게 많은 짐을 싣지 않는다.
- 벽 또는 테이블 등에 부딪치지 않도록 한다.
- 절대 끌고 다녀서는 안 되며, 두 손으로 안전하게 밀고 다닌다.
- 요리는 반드시 상단에 싣고 그 밖의 다른 준비물은 밑에 싣도록 한다.
- 사용 후에는 반드시 정해진 장소에 원위치 한다.
- 알코올램프나 레쇼rechaud가 갖춰진 카트를 다룰 때는 용기가 넘어지거나 쏟아지지

않도록 각별히 조심하며, 연료를 채울 때는 용기에 7~8부 정도 담고, 불을 붙였을 때 연료가 끓어 넘치지 않도록 한다.

2. 트레이(tray)

트레이tray는 접객 서비스 시에 가장 필요로 하는 비품 중의 하나이다. 식당 종사원들은 다음과 같은 취급요령을 숙지하여 능률적인 업무수행과 통일된 자세를 갖추도록 한다.

① 트레이를 들 때는 반드시 왼손으로 들어야 하며, 옆구리에 끼거나 한 손으로 잡아 흔들고 다녀서는 안 된다.

② 트레이를 들 때는 중심 부분에 왼손 팔목부분의 손바닥 부위와 각 손가락을 넓게 벌리고 손끝을 약간 세워 트레이의 전후좌우가 흔들리지 않도록 조정하여 든다. 이때 손바닥 전체가 트레이에 닿는 것은 불안정하므로 손바닥 중심부분이 트레이에 닿지 않도록 공간을 이루어 자연스럽게 든다.

③ 트레이는 팔을 겨드랑이에 자연스럽게 붙이고 몸 안쪽으로 직각이 되게 팔꿈치를 구부려 반듯하게 든다.

④ 운반 시에는 트레이에 냅킨napkin 또는 페이퍼 매트paper mat를 깔아 트레이에 놓인 물건이 미끄러지지 않도록 한다.

⑤ 트레이에 물건을 놓을 때는 중심 부분부터 놓는 것이 안전하며, 내려놓을 때는 중심 외부의 것부터 먼저 내려놓는다.

⑥ 트레이에 담아 운반할 때는 반드시 전후좌우를 경계하며 걸어야 하고, 또한 부딪히는 일이 발생하지 않도록 항상 조심스럽게 운반한다.

⑦ 사용된 기물을 트레이에 담을 때는 깨끗한 기물을 취급할 때와 마찬가지로 청결히 다루고, 또한 소음이 나지 않도록 조용히 담아야 한다.

3. 리넨(linen)

1) 리넨linen의 종류

(1) 테이블 클로스Table Cloth

식탁의 청결함을 나타내기 위하여 보편적으로 면직류 또는 마직류로 만든 흰색 클로스cloth가 주종을 이루고 있으나, 근래에는 식당 분위기에 맞도록 유색 클로스에 무늬를 넣어서 사용하는 경우가 많아졌다. 또는 클로스를 이중 탑 클로스Top cloth으로 깔아서 식탁을 화려하게 장식하는 식당도 많다.

(2) 언더 클로스Under Cloth

테이블 클로스의 수명연장과 식탁에 식기나 기물을 놓을 때 소리가 나지 않도록 테이블 클로스 밑에 깔아서 촉감을 부드럽게 하는 사일런서 클로스Silencer cloth라고도 하며, 털로 다져서 만든 천felt 또는 면 종류의 천flannelet으로 만들어 테이블 클로스보다 크지 않게 테이블 규격과 같게 부착하거나 움직이지 않게 고정시켜 사용한다.

(3) 미팅 클로스Meeting Cloth

회의 및 리셉션reception 등에 널리 사용되며, 무늬가 없는 색상으로 촉감이 부드러운 털로 다져서 만든 천felt이 주종을 이루고 있다.

(4) 냅킨Napkin

냅킨은 식탁의 마지막 장식품으로서, 고객이 식사 중에 입이나 손을 닦거나 음식을 흘려 옷이 더러워지는 것을 방지하기 위해 무릎 위에 놓아 사용하며 테이블 클로스와 같은 면직으로 만들어 사용하고 있다. 또한 색상은 흰색 및 밝은 색을 많이 애용하나 테이블 클로스에 잘 어울리는 여러 가지 색상으로 만들어 사용된다. 규격은 52×52cm 크기가 적당하지만 식당에 따라 다소의 차이가 있다.

(5) 워시 클로스 Wash Cloth

기물이나 집기류 등을 닦을 때 사용하며, 색상이나 모양을 달리하여 사용하기 편리하고 구분하기 쉽게 만든 면직류이다.

2) 리넨 linen의 취급법

① 리넨류도 식기를 취급할 때와 마찬가지로 사용과 보관을 청결하게 해야 한다.

② 리넨은 사용목적 이외에 절대 남용해서는 안 되며, 규격 및 용도에 맞게 사용해야 한다.

③ 세탁된 리넨을 보관할 때는 규정된 장소에 종류별로 구분해서 사용이 편리하도록 잘 정돈하여 비치하고, 구겨지거나 먼지가 묻지 않도록 깨끗하게 보관한다.

④ 리넨에 기름이나 음식물 등으로 인해 얼룩이 생기지 않도록 다루고, 사용된 리넨 위에 핀, 이쑤시개, 음식물 등이 있을 때는 깨끗하게 쓸어낸 후 세탁이 용이하도록 일정하게 접는다.

⑤ 찢어졌거나 흠집 또는 얼룩이 있는 리넨은 사용해서는 안 된다.

⑥ 사용한 리넨은 필히 리넨카트 Linen cart에 모으며, 땅바닥이나 정해진 장소가 아닌 곳에 방치하지 않도록 한다.

테이블 클로스는 반드시 식탁 규격에 맞는 것으로 사용해야 하며, 통일된 방법에 의해서 정확하게 깔도록 해야 한다.

* 리넨 linen: 흔히 '리넨'이라 표기하기도 하나, 정확한 발음표기는 「리닌」이다.

제7장 영업 준비

제1절 영업준비

식당에서 고객에게 식사를 제공하기 전까지의 모든 사전 준비를 말하는 것으로 식당 내의 청결 상태에서부터 환경정리와 정돈, 식탁의 배치와 고정, 각종 테이블 리넨류 Table cloth, Top cloth, Doily 및 사이드 테이블side table에 모든 기물류가 충분히 비치되어 있어야 한다.

고급식당에서 훌륭한 식사가 제공된다 하더라도 기물이나 양념 등이 제대로 서비스되지 않을 경우 그 식사의 가치는 떨어지게 된다. 따라서 영업이 시작되기 전 모든 준비물을 완벽히 점검하는 것을 영업장 준비라고 한다.

이와 같은 준비과정에서 제일 관심을 기울여야 할 부분은 청소 및 정리 정돈이다.

종업원은 고객 서브도 중요하지만 우선적으로 업장 내 청소 또한 게을리해서는 안 된다. 테이블 세팅Table setting 전에 구석구석을 깨끗이 청소를 한다. 바닥은 진공청소기를 이용한다. 유리창과 벽, 식탁, 의자, 카운터 등의 구석구석을 세밀히 점검하면서 더러워진 곳을 닦는다. 청소할 때에는 높은 곳에서 낮은 곳으로, 시계방향으로 돌면서 질서있게 청소를 한다.

이러한 영업준비 과정은 영업장에 따라 다르지만, 일반적으로 영업장의 상태점검→ 기물 및 비품확보 → 테이블 세팅 → 장비점검 → 최종 준비상태 확인 → 지배인의 주의사항 순서로 이루어진다.

제2절 Table setting

1. 테이블과 의자

1) 테이블의 준비

테이블의 높이는 국제적으로 72~75cm가 표준이다. 폭은 4인용 스퀘어 테이블square table일 경우 가로 · 세로가 각 90cm로 하여 케이터링 서비스에 많이 사용한다. 따라서 2인용 듀스 테이블deuce table, 장방형 테이블rectangular tabel도 사용한다.

식탁과 의자의 규격을 다음과 같다.

① 테이블의 종류별 규격

테이블의 종류	좌석수별	규격(㎝)			배치장소
		가로	세로	높이	
정사각형 (square)	2인용	62～90	80～90	72～75	중앙, 구석
	4인용	85～90	85～90	72～75	중앙, 구석
직사각형 (rectangular)	2인용	150	90	72～75	창가, 벽
	4인용	150	90	72～75	창가,벽,중앙
원형 (round)	2인용	지름 80~90		72～75	중앙
	4인용	지름 80~90		72～75	중앙

② 수평을 유지하고 흔들리지 않아야 한다.

③ 언더 클로스under cloth는 주름이 생기지 않도록 평평하게 고정시켜 깐다.

④ 테이블 클로스table cloth가 한쪽으로 치우치지 않도록 평평하게 깐 다음 전체적인 균형을 확인한다.

⑤ 테이블 다리에 먼지나 오점을 제거하고 또한 녹이 슬지 않았는지 확인한다.

⑥ 테이블 위에 남아 있는 오물 때문에 깔아 놓은 클로스가 불룩 튀어나오지는 않았는지 재확인한다.

⑦ 세팅의 중앙과 옆 좌석 세팅의 중앙과는 60cm 정도의 사이를 유지한다.

⑧ 늘어진 클로스와 의자는 수직이 되도록 한다.

⑨ 테이블과 테이블을 연결했을 때 이음새 차이가 나지 않았는지 확인한다.

⑩ 테이블의 성격에 맞게 먼저 배치한다.

2) 의자의 준비

의자의 높이는 42～45cm, 앉는 부분의 넓이는 50×50cm가 적당하다. 테이블 셋업 시는 클로스의 늘어진 끝이 의자 높이와 평행을 이루도록 한다.

① 먼지를 제거한다.

② 쿠션의 작동과 오물을 확인하여 세척한다.

③ 흔들림이 있는지 확인해서 흔들리는 것은 교체한다.

④ 다리의 오물을 확인하여 세척한다.

⑤ 등받이의 쿠션을 확인한다.

⑥ 먼지 제거는 폐품 처리된 리넨 또는 비고객용 낡은 냅킨을 사용한다.

⑦ 이상이 없는 의자는 세팅의 중심에 맞추어 배치한다.

2. 테이블 클로스(Table Cloth)

테이블 클로스는 흰색을 사용하는 것이 원칙이지만, 근래에는 색과 무늬가 들어있는 다양한 종류의 클로스가 사용되고 있다. 테이블 클로스는 깨끗하게 다림질이 되어 있어야 하며, 클로스를 깔 때에는 접었던 선이 식탁의 가로, 세로와 평행이 되도록 한다.

이때 테이블에서 늘어지는 클로스의 길이는 40cm 정도가 되게 한다.

테이블 클로스table cloth 밑에는 언더 클로스under cloth 또는 사일런스 클로스silence cloth라고 하는 펠트felt나 플란넬flannel 또는 얇은 스펀지sponge로 된 클로스를 깔아 식탁 위에서 나는 소음을 방지한다. 톱 클로스Top cloth는 테이블 클로스 위에 깔아 테이블 클로스가 쉽게 더러워지는 것을 방지하고, 테이블의 품위를 높여주는 것이다. 테이블 클로스는 얼룩이나 구멍 등 흠이 있는 것은 절대 사용해서는 안 된다.

3. 냅킨(Napkin)

냅킨의 역사는 로마시대에 하인이 식후에 타월과 물그릇을 들고 돌면서 손을 씻게 했던 데서 비롯되었다. 그 타월을 마파Mappa라고 하며 냅킨의 기원이 되었다. 테이블 클로스는 약 1000년 전 프랑스와 영국에서 사용하기 시작했다고 전해지며, 냅킨은 19세기에 들어와서 직물업이 발달함에 따라 일반화되었다.

냅킨의 특징은 다음과 같다.

- 식탁의 마지막 장식품이라 할 수 있다.
- 모양의 다양성과 정돈된 상태는 수준 높은 분위기와 좋은 첫인상을 주게 된다.
- 빠르고 쉽게, 그리고 아담하고 단정하게 접는다.
- 접혀 있는 냅킨을 서비스 플레이트나 식탁 위에 그냥 세워 놓는다.
- 규격은 50cm×50cm, 60cm×60cm, 67.5cm×67.5cm 등이 있다.
- 청결한 느낌을 주기 위해 백색을 원칙으로 하지만, 테이블 클로스와 잘 어울리는 색깔을 사용하기도 한다.
- 재질은 부드러운 리넨을 사용한다.
- 접는 방법은 다음과 같이 구분된다.
  - 정찬 분위기에 어울리는 화려한 모양
  - 단정하고 점잖은 모양
  - 손이 많이 가지 않는 단순한 모양
- 연회나 자주 오는 고객에게는 새로운 인상을 주기 위하여 변화 있게 하는 것도 바람직하다.
- 축하연이나 피로연에서는 냅킨을 다양하게 접는 것도 좋은 장식 방법이다.

4. 센터피스(Centerpiece)

센터피스란 식탁의 중앙에 놓는 집기를 말한다. 즉 식탁을 돋보이게 하기 위해 놓은 꽃병과 소금 및 후추 병, 재떨이, 촛대 등이 있다. 뷔페 테이블의 중앙에 장식물로 놓이는 생선요리, 케이크, 과일용 은제 바스켓, 얼음 조각 등도 이에 속한다.

요즘 테이블 위에 팝pop 등 음료나 디저트 메뉴, 또는 메뉴에 대한 선전물을 센터피스로 이용하는 경우가 많은데 너무 많은 POP 물은 고객에게 도리어 불만을 야기할 수 있으므로 주의한다.

또한 장식용 꽃의 높이가 너무 높아 상대방의 얼굴을 마주 보는 데 방해가 되어서는 안 된다. 초나 촛대 역시 손님의 대화에 지장을 주는 높이는 피한다.

소금과 후추 병은 보통 2~3명에 한 세트씩 세팅하며, 내용물이 있는지 또는 응고되거나 구멍이 막히지 않았는지를 반드시 확인해야 한다. 구체적인 관리요령은 다음과 같다.

1) 크림 피처 Cream Pitcher

- 광택이 나야 한다.
- 오점이 있는 것은 사용을 금한다.
- 2인용 식탁에는 피처에 1/3의 Fresh cream을 준비한다.
- 4인용 및 6인용 식탁에는 피처에 2/3의 Fresh cream을 준비한다.
- Fresh cream은 미리 담아 차가운 곳에 보관한다.
- 고객이 착석하면 즉시 식탁의 중앙에 놓는다.

2) 슈가 볼 Sugar Bowl

- 광택이 나야 한다.
- 설탕은 볼bowl의 8부 정도로 채워 넣는다.
- 설탕이 굳어 있는지, 오물이 들어있는지를 확인한다.
- 슈가 레이들sugar ladle에 설탕이 묻어 있지 않은지 확인한다.
- 레이들 ladle을 꽂아 뚜껑을 닫고 테이블 중앙에 놓는다.
- 고객이 착석하면 즉시 식탁의 중앙에 놓는다.

3) 재떨이 Ash Tray

- 사용한 흔적이 말끔히 닦여져 있어야 한다.
- 물기가 없어야 한다.
- 이가 빠졌거나 금이 간 것은 사용을 금한다.

- 2인용 식탁은 1개의 재떨이를 중앙에 놓는다.
- 4인용 및 6인용 식탁은 2개의 재떨이를 놓는다.
- 직사각형의 테이블인 경우에는 마주 앉은 중앙에 놓는다.

4) 성냥 Match

- 사용된 성냥은 재사용을 하지 않는다.
- 재떨이 1개에 성냥 1개를 놓는다.

5) 계산서 함 Bill Box

- 식당 및 업장의 선전효과를 낼 수 있다.
- 테이블 위에서 자주 이동되지 않도록 고객의 불편함이 없는 곳에 위치해야 한다.
- 위치는 테이블의 위치에 따라 다르게 한다.
  - 창가의 직사각형 테이블에는 창가 쪽에 놓는다.
  - 홀 중앙의 4인용 정사각형이나 원탁일 경우에는 중앙에 놓는다.
  - 2인용의 정사각형 및 원탁인 경우에는 고객의 불편이 없는 바깥쪽에 놓는다.
- 주일 단위로 세척하여 관리한다.

6) 꽃병 Flower Base

- 광택이 잘 나야 한다.
- 항상 싱싱하고, 향기로운 느낌을 줄 수 있어야 한다.
  - 매일 아침 물을 바꾸어 준다.
  - 꽃에 물을 뿌려준다.
  - 시들은 꽃과 잎은 제거한다.
- Bill Box의 우측에 놓는다(음식 서브나 고객의 불편을 덜어줄 수 있는 위치).

5. 양념류와 그 용도

- 소금salt : 응고를 방지하기 위하여 솔트 쉐이커Salt shaker 속에 볶은 쌀을 약간 넣는다.
- 설탕sugar : Paper bag과 Bowl, Shaker에 부어 사용하는 방법이 있다.
- 후추pepper : Shaker 또는 페퍼밀Pepper mill에 의해서 사용한다.
- 파프리카paprika : 매운맛의 소스로서 뜨겁거나 찬 치즈 요리에 사용한다.
- Nutmeg : 칵테일 조제 시 향료로서 사용된다.
- 오일Oil & 비니거Vinegar : 샐러드용으로 사용되며 정해진 병에 넣어 사용한다.
- 토마토 케첩Tomato Ketchup : 햄버거 요리 등에 사용한다.
- 머스터드Mustard : Bavarian Mustard, Fresh Mustard, English Mustard 등이 있으며 pot에 담아서 사용한다.
- 타바스코Tabasco : 매운맛의 table sauce로서 Oyster, Cocktail dressing, Salad dressing 등에 사용한다.
- 우스터셔 소스Worcestershire Sauce : 뜨거운 치즈요리, Sauce류, Dressing용으로 사용한다.
- Mint Felly : 박하 향이 있는 것으로 양고기 제공 시 사용된다.
- Red Current : 엽조류game 요리 제공 시 사용한다.

양념류를 준비할 때는 다음의 사항을 유의한다.

① Sweet를 제외한 모든 요리를 서브할 때 식탁에 Salt & Pepper Shaker를 세팅한다.

② 훈제연어Smoked salmon, 굴Oyster을 서브할 때에는 페퍼밀Pepper mill을 사용한다.

③ 연회 테이블일 때는 4명에 양념병caster 1set씩 셋업한다.

④ 기타 다른 양념류는 Service station에 준비하여 놓는다.

양념류를 취급할 때의 주의사항은 다음과 같다.

- Salt Pepper Shaker : 깨끗하게 세척한 다음 완전히 건조된 후에 소금과 후춧가루를 넣는다.
- Pepper Mill : 물 세척은 금한다.
- Mustard Pot : 매일 세척하고 다시 담아야 하며, 담을 때에는 플라스틱이나 목제 스푼을 사용한다.
- Bottle류 : 매일 세척하고 병 입구를 잘 닦아야 한다.

제8장

양식서비스 Key Point

제1절 서양요리의 역사

인간이 존재하기 시작한 것과 요리의 역사가 시작된 것은 동시에 이루어졌다고 할 수 있다. 선사시대의 요리에 관해서는 잘 알려져 있지는 않지만, 불을 발견한 이후에야 비로소 요리의 기술이 시작되었다고 할 수 있다. 이들은 나무뿌리, 나무열매, 곡식, 벌꿀, 생선 또는 동물의 젖, 알 등을 식량으로 사용하여 굽거나 동물의 위주머니나 가죽 내장 등을 사용하여 조리하기 시작하였다.

나일강의 비옥한 땅에는 야채, 과일나무, 포도, 닭, 생선, 달걀 등이 풍부했으며 제빵제과가 발달하여 빵을 만드는 사람들이 많은 존경을 받았다고 한다.

고대 페르시아인은 화려한 연회나 축제를 한 것으로 유명하다. 앗시리아의 왕 살도나팔루스는 요리 경진대회를 개최하여 최우수자에게는 많은 황금을 주고, 새로운 요리를 개발한 사람에게는 상금을 주었다. 페르시아에는 연회나 축제가 풍성했을 뿐 아니라 먹거리도 풍부하였다. 페르시아의 전설적인 과일 마멀레이드와 좋은 포도주는 연회나 축제일을 더 풍성하게 해주었고, 이들을 담아내는 용기까지 황금으로 만들 정도로 요리에 세심함을 기울였다. 페르시아인에 의해 만들어진 몇 가지 음식들은 오늘날에도 세계적으로 유명한 요리가 되었다.

그리스인들은 페르시아인으로부터 조리법과 식사법을 계승받았다. 고대 그리스에서는 부자와 가난한 자의 식사에 거의 차이가 없었다. 당시의 기본 음식은 보리 페이스트, 보리죽, 보리빵이었는데 초기 그리스인들은 하루에 네 끼의 식사를 했다고 한다. 로마인들은 그리스인의 요리보다 더욱 섬세하고 맛있는 그들 자신의 요리를 개발하였다. 로마인의 연회나 식도락적인 축제는 4C말까지 번창하였다.

로마인들의 많은 요리 전통이 영국으로 전해졌다. 또한 영국요리에 큰 영향을 준 것은 게르만족의 침략이었다. 켈트족, 색슨족, 그리고 노르만족의 요리가 영국의 기본적인 요리가 되었다. 당시 영국에서는 대다수가 농민과 노동자여서 요리가 간단하고 푸짐한 것이었으나, 중세에 접어들면서 연회와 축제는 많은 음식과 맥주로 사치스러워졌다.

헨리 8세의 통치기간 중에 크리스마스가 축제일이 되었고, 크리스마스이브부터 12일 동안에 걸쳐 음식들이 풍성하게 차려져 축제를 즐겼다. 엘리자베스 시대에 와서는 요리에 관해 무관심하기 시작했고, 이것은 프랑스에서 데려온 요리장을 고용한 클럽과 호텔이 생겨난 수년 후까지 계속되었다.

프랑스요리는 16C초까지는 영국요리와 마찬가지로 운치가 없는 것이었다. 1533년 오를레앙 공작은 이태리의 유명한 플로렌틴 가의 캐더린 메디치와 결혼함에 따라 그녀와 함께 많은 유명한 이태리 조리장과 제빵 전문가들이 프랑스로 들어오게 되었다.

그리하여 프랑스인들은 이들로부터 조리를 배워 조리학교를 통해 요리를 기술적으로 발전시켰다. 식사법도 이탈리아의 영향이 컸다. 손 씻는 법, 포크 사용법, 잼 만드는 법, 여러 가지 디저트 만드는 법이 이탈리아로부터 전래되었다. 프랑스요리는 계속 성장하여 17C 말엽에 고전요리가 세계에 널리 알려졌다. 프랑스의 고전요리는 신선하고 우수한 음식재료, 재능 있는 조리사, 간단하고 예술적이며 완전한 표현 양식, 미묘하고도 균형 있는 맛, 감상할 줄 아는 고객 등이 완벽하게 조화된 요리였다.

17C 말에는 차, 커피, 코코아, 아이스크림 등과 함께, 특히 돔 페리뇽Dom Perignon이 샴페인을 발명하여 큰 변혁을 이루었다. 루이 14세(1638~1715) 때는 프랑스 문화가 유럽 전체에 파급되어 유럽의 각 궁전과 귀족들이 그들의 요리와 음료부문의 전권을 요리장에게 맡길 정도였다. 이때의 요리는 세련은 되었으나 실제 내용보다는 눈에 보기 좋은 요리였다.

프랑스요리는 질 좋은 식재료와 귀족 등의 비호 속에 19C까지 세계적인 명성을 유지하였으나, 제1차 세계대전 전에 이러한 요리방법이 자취를 감추고 요리의 경향이 점차 단순화되었다. 이 단순화된 요리는 요리의 질이 떨어진 것이 아니고 음식을 담아내는 방법과 서비스를 신속히 하여 비용을 절감하는 실리적인 방법으로 조리기술의 기본이 만들어진 것이다.

20C 초 오귀스트 에스코피에Auguste Escoffier(1847~1935)는 지금까지의 프랑스요리를 체계화시켜 현재 프랑스요리의 기본이 되는 요리를 완성시켰다. 그는 자신의 저서에서 프랑스 고전요리를 원칙으로 하여 초기의 겉만 화려하고 맛이 없는 음식은 삭제하

고 외국의 진귀한 요리들을 소개하였다. 이렇게 시대의 변화에 따라 요리의 역사도 끊임없이 변화되어 왔으며, 앞으로도 계속 변화되어 갈 것이다.

제2절 테이블 세팅(Table setting)

1. 테이블 세팅을 위한 준비

1) 청소 및 환경 정리

즐거운 식사를 하기 위해서는 청결하게 정돈된 주변 환경이 무엇보다도 중요한 역할을 한다. 그러므로 식탁을 꾸미기 전에는 식탁과 의자를 비롯하여 영업장 내의 구석구석 조그만 부분까지 철저한 청소가 이루어져야 한다.

2) 식탁 위치의 고정

식탁은 고객이 불편을 느끼지 않도록 배치되어야 하며, 흔들리지 않게 바르게 놓는다. 식탁의 높이는 70~75cm, 의자의 높이는 40~45cm가 표준이며, 한 사람이 점유하는 좌석의 폭은 70cm를 기준으로 한다.

3) 테이블 클로스 Table Cloth

테이블 클로스는 흰색을 사용하는 것이 원칙이지만, 근래에는 색과 무늬가 들어있는 다양한 종류의 클로스가 사용되고 있다. 테이블 클로스는 깨끗하게 다림질되어 있어야 하며, 클로스를 깔 때에는 접었던 선이 시각의 가로 · 세로와 평행이 되도록 한다.

이때 테이블에서 늘어지는 클로스의 길이는 40cm 정도가 되게 한다. 테이블 클로스

밑에는 언더 클로스Under cloth 또는 사일런스 클로스Silence cloth라고 하는 펠트나 플란넬 또는 얇은 스펀지로 된 클로스를 깔아 식탁 위에서 나는 소음을 방지한다. 그리고 테이블 클로스 위에 깔아 테이블 클로스가 쉽게 더러워지는 것을 방지하고, 테이블의 품위를 높여주는 톱 클로스Top cloth가 사용되기도 한다. 테이블 클로스는 얼룩이나 구멍 등 흠이 있는 것은 절대 사용해서는 안 된다.

원래의 양식당 세팅의 경우 테이블 클로스를 깔아두는 것이 원칙이기는 하나 영업장의 특성에 따라, 요즘은 테이블 클로스를 사용하지 않는 식당들도 많이 늘어나고 있다.

4) 냅킨 Napkin

냅킨의 크기는 50×50cm를 표준으로 다소의 차이가 날 수도 있다. 색상과 모양은 식당의 분위기와 조화를 이루는 격조 높은 것이어야 한다. 때때로 냅킨의 색상과 모양을 바꾸어 변화 있는 분위기를 만들기도 한다.

5) 센터피스 Centerpiece

센터피스란 식탁의 중앙에 놓는 집기를 말한다. 즉 식탁을 돋보이게 하기 위해 놓는 꽃병과 소금 및 후추 병, 재떨이, 촛대 등이 있다. 뷔페 테이블의 중앙에 장식물로 놓이는 생선요리, 케이크, 과일용 은쟁반, 얼음 조각 등도 이에 속한다.

꽃은 병에 꽂거나 수반을 이용할 수 있다. 꽃의 높이가 너무 높아 상대방의 얼굴을 마주보는 데 방해가 되어서는 안 된다.

촛대 역시 손님의 대화에 지장을 주는 높이는 피해야 한다.

소금 및 후추 병은 보통 2~3명에 한 세트씩 세팅하며, 내용물이 차 있어야 하고 응고되어 있거나 구멍이 막히지 않았는지를 확인한다.

6) 기물류

세팅에 사용할 은기물류, 도자기류, 글라스류를 깨끗하게 세척하여 얼룩진 곳이 없도록 닦아 놓는다. 특히 은기물류를 취급할 때에는 반드시 손잡이를 잡는다.

2. 양식 테이블 세팅의 순서

영업장의 특성과 테이블의 종류에 따라 세팅 순서가 달라질 수 있지만 일반적인 테이블 세팅 순서는 다음과 같다.

① 식탁과 의자를 점검한다.

② 테이블 클로스를 편다.

③ 센터피스Centerpiece, 소금과 후추를 놓는다.

④ 쇼우 플레이트Show plate를 놓는다.

⑤ Bread plate를 놓는다.

⑥ Dinner Knife & Fork를 놓는다.

⑦ Fish Knife & Fork를 놓는다.

⑧ Soup Spoon & Salad Fork를 놓는다.

⑨ Appetizer Knife & Fork를 놓는다.

⑩ Butter knife를 놓는다.

⑪ Dessert Spoon & Fork를 Show plate 위쪽에 놓는다.

⑫ 물잔과 포도주잔을 놓는다.

⑬ 냅킨을 편다.

⑭ 전체적인 조화와 균형을 점검한다.

3. 테이블 세팅의 기본 원칙

① Show plate와 은기물류는 식탁 가장자리로부터 2cm 정도의 간격을 두고 놓

는다.

② 기물류의 배열은 전체적인 균형을 이룰 수 있도록 적당한 간격으로 보기 좋게 놓는다.

③ 빵 접시의 중앙선과 Show plate의 중앙선이 일치하도록 배열한다.

④ 디너 나이프는 칼날이 안쪽으로 향하게 한다.

⑤ 버터 나이프는 빵 접시 위에 오른쪽으로 1/4 정도 되는 부분에 포크의 배열선과 맞춰 놓는다.

⑥ 물잔은 디너 나이프의 끝쪽 연장선과 디저트용 스푼과 포크의 중앙 배열선이 교차되는 곳에 놓는다.

⑦ 와인잔은 물잔의 오른쪽 아래쪽으로 45도 대각선 상에 놓는다.

센터피스의 배열은 테이블의 종류와 세팅 인원에 따라 달라질 수 있지만 일반적으로 좌측부터 재떨이, 후추, 소금, 꽃병의 순으로 배열한다.

⑨ 성냥은 알맹이 하나의 끝을 성냥갑 밖으로 나오게 하여 재떨이 앞쪽에 로고를 손님이 볼 수 있도록 놓는다.

⑩ 쇼우 플레이트Show plate를 사용하지 않을 때에는 냅킨을 놓아서 기준을 삼는다.

이러한 원칙은 영업장의 특성과 식탁의 종류, 식탁이 배치된 장소, 기물의 종류에 따라 다소 변할 수는 있으나, 테이블 세팅의 기본 목적인 고객이 사용하기에 편리하고 짜임새 있고 모양 좋은 테이블이 되게 한다.

4. 고객 앞에서의 테이블 세팅

좌석을 정한 고객으로부터 요리의 주문을 받은 후 요리에 맞춰 테이블 세팅을 하는 경우에는

첫째, 전혀 세팅이 되어 있지 않았을 때에는 주문에 맞춰 세팅한다.

둘째, 일부가 세팅되어 있으면 주문에 따라서 필요한 기물을 보충한다.

셋째, 세팅이 완료되면 테이블에서는 주문에 따라 불필요한 기물은 치운다.

이상과 같은 경우의 테이블 세팅에서 특히 주의해야 할 점은 다음과 같다.

- 기물을 테이블로 옮길 때나 치울 때에는 트레이tray를 사용하고 손으로 들고 다니지 않는다.
- 기물이 부딪혀 소음을 내지 않도록 조심한다.
- 나이프, 포크를 세팅할 때나 치울 때에는 나이프나 포크의 끝이 손님의 몸에 닿지 않게 또는 떨어뜨리지 않게 주의한다.
- 테이블 배치 상 부득이 손님 앞을 가로막든가, 팔을 뻗어서 세팅할 때에는 손님에게 반드시 "실례합니다."라고 양해를 구하고 나서 동작을 옮긴다.

- 테이블 배치에 따라 매우 하기 힘든 경우나 바쁜 경우에도 세팅을 조잡하게 대충해서는 안 된다.
- 고객에게 불쾌감과 불편함을 주지 않도록 신속하고 정중하게 모든 동작을 취한다.

제3절 서양식 Menu

1. 전채 요리

전채 요리는 식사 순서에서 가장 먼저 제공되는 요리이다.

불어로는 오르되브르Hors d'oeuvre라고 한다. 'Hors'는 앞이라는 뜻을 나타내고, 'oeuvre'는 작업 즉, 식사를 의미한다. 영어로는 'appetizer', 북구에서는 'Smorgasbord', 러시아에서는 'Zakuski', 이태리어로는 'Antipasti'라고 불린다.

오르되브르Hors d'oeuvre의 기원은 러시아에서 연회를 하기 전에 별실에서 기다리는 고객에게 술과 함께 자쿠스키zakuski라는 간단한 요리를 제공한 데서 유래되었다고 한다. 또 한 학설은 14C 초 이태리의 탐험가 마르코폴로가 중국의 원나라에 가서 배워 온 면류와 냉채요리가 이태리를 통하여 표적시장으로 건너가 오늘날의 'Hors d'oeuvre'가 되었다고도 한다.

1) 전채 요리의 특징

- 식욕을 돋우기 위해 식사 전에 먹는 음식이다.
- 소화를 촉진시키기 위해 단맛보다는 신맛, 짠맛을 곁들인 것이 좋다.
- 메뉴에 전채요리가 있다고 해서 반드시 먹어야 하는 것은 아니다.
- 정찬이 아닌 일반적인 비즈니스 식사에서는 전채 또는 수프 중 하나를 선택하는

것이 일반적이다.

- 계절감이 뚜렷하게 나타난다.
- 양은 소량으로 제공한다.

2) 전채 요리의 종류

① 차가운 전채

캐비어, 푸아그라, Oyster, 카나페, 칵테일, Barquette, Bouchee, Beignet, Salad

② 따뜻한 전채

식용 달팽이escargot, 라비올리ravioli, Breche, Relish

2. 수프(Soup)

수프는 일반적으로 육류, 생선, 닭 등의 고기나 뼈를 야채와 향료를 섞어서 장시간 동안 끓여낸 국물 즉, 스톡stock에 각종 재료를 가미하여 만든다.

1) 수프Soup 요리의 특징

- 레스토랑의 등급에 직접적인 영향을 미치는 요리가 수프이다.
- 위를 보호해주는 역할을 한다.
- 수프는 마시는 것이 아니라 먹는 것이므로 소리에 주의한다.
- 걸쭉한 수프로 감자, 옥수수 등 채소가 첨가된 담백한 요리에 어울린다.
- 'Cream de'로 시작되는 것이 수프의 통칭이다.

(일반적으로 말하는 '크림수프'라는 것은 수프의 기본 베이스로, 메뉴에 없는 것이므로 주문하지 않는 것이 원칙이다.)

• 영국이나 미국에서는 차우더chowder라고 하여, 조개나 생선 국물로 만든 걸쭉한 수프를 크래커와 함께 먹기도 한다. 하지만 비즈니스 자리에서는 삼가는 것이 좋다.

2) 수프Soup 요리의 종류

수프 요리는 온도에 따라 Hot soup와 Cold soup로 나뉘며, 농도에 따라 Clear soup와 Thick soup로 나뉜다.

(1) 농도에 따른 분류

① Clear Soup

Consomme, Bouillon, Vegetable Soup

② Thick Soup

Cream Soup, Puree Soup, Chowder, Bisque

(2) 온도에 따른 분류

① Hot Soup

Bouillabaisse, Olla Podreda, Ox-Tail Soup

② Cold Soup

Cold Consomme, Vichyssoise, Andalusian Gazpacho, Cold Pear and Watercress

3. 빵과 버터

서양식에서 빵은 생명의 기초양식을 의미한다. 흰 빵은 우리나라의 흰쌀이 주었던 이미지처럼 부유하고 특권 있는 지배계급을, 검은 빵은 가난하고 무력한 피지배계급을 뜻하기도 했다. 그래서 빵과 버터는 서양에서는 생계를 뜻하는 것이며, 빵을 벌어오는 사람이란 뜻인 'bread earner'는 일가의 주인을 뜻한다. 또한 하룻밤의 잠과 한 끼 밥을 신세지고 와서 부치는 감사 편지를 'bread & butter Letter'라고 한다.

'빵이 아니면 죽음을 달라'고 외쳤던 프랑스혁명 때 배고픈 백성들의 고통을 빵으로 표현했고, 1620년 102명의 청교도를 태운 영국의 메이플라워호가 도착한 미국의 매사추세츠 주의 플리머스에서는 식사로 제공할 따뜻한 빵과 물 대신 랍스터를 식사로 주어서 농장의 하인들이 폭동을 일으키기도 했었다고 하니, 서양에서 빵의 의미를 미루어 짐작할 수 있다.

1) 빵을 먹는 매너

- 토스트 toast나 크로와상 croissant, 브리오슈brioche 등은 아침식사용이므로 정찬 시에는 주문하지 않는다.
- 빵 바구니에 담겨 식탁에 놓여 있거나, 수프가 끝난 후 웨이터가 와서 차례로 돌린다.
- 테이블 왼쪽에 놓인 것이 자기 몫의 빵이다. 연회 시에 만약 오른쪽에 놓여 있는 빵을 취하면 오른쪽 끝의 사람은 빵을 먹지 못하게 된다.
- 빵 접시를 중앙에 갖다 놓지 않는다.

2) 빵을 먹는 방법

- 딱딱한 프렌치 빵은 가운데 부분을 눌러 4등분하여 한 입 크기만큼 손으로 잘라 먹는다. 갓 구워낸 빵에 나이프 같은 금속제품을 대면 맛이 변한다.
- 버터는 1인용 또는 2인용으로 제공된다. 2인용인 경우는 버터나이프로 빵 접시 한편에 한 조각을 옮겨 놓은 뒤에 먹도록 한다.
- 정찬에는 잼을 사용하지 않고 버터만을 사용한다.
- 여성에게 먼저 건넨다.
- 빵을 밀크나 커피에 적셔 먹지는 않지만, 고기국물과 소스의 경우에는 빵을 적셔

서 포크로 먹기도 한다.

4. 생선 요리

생선요리는 육류요리보다 섬유질이 연하고 맛이 담백하며 열량이 적다. 또한 소화가 잘 되고, 단백질 · 지방 · 칼슘 · 비타민이 풍부하여 건강식으로 육류에 비해 선호도가 높다. 그러나 부패하기 쉽기 때문에 신선도를 유지하는 데 유의해야 한다.

1) 생선의 종류

- 생선류 : Sole(넙치류), Sea bream(도미류), Lobster(바다가재)
- 조개류 : Oyster(굴), Mussel(조개류), Sea scallop(가리비류)
- 기타 : Scampi(참새우), King prawn(왕새우)

2) 생선을 종류별로 먹는 방법

① 일반 생선

- 대부분 살 부분만 조리되어 나오므로 생선용 나이프와 포크를 사용해서 먹으면 되지만, 생선을 주문할 때 뼈를 제거한 음식인지 또는 아닌지 메뉴를 분명히 살펴볼 필요가 있다.
- 메뉴상에 무스라는 말이 있으면, 이 생선은 갈아서 만든 아주 부드러운 생선이므로 안심하고 주문해도 좋다.
- 가시째 나오는 생선은 비즈니스 식사에서 되도록 삼가는 것이 기본이다.
- 통째로 나왔을 경우 머리와 꼬리 부분은 보통 먼저 먹지 않으며, 뒤집어 먹지 말고 윗면부터 아랫면에 이르기까지 순서대로 가시를 발라먹도록 한다.
- 가시가 입에 있을 경우 손을 이용하기보다는 포크를 사용해 발라내어 접시 구

석에 놓는다.

- 생선 뫼니에르meuniare는 반드시 레몬이 얹혀져 나온다. 이때 레몬은 나이프로 눌러서 즙을 짠다. 석쇠에 구워져 나오는 생선은 레몬이 조각으로 나오는데, 이때는 엄지 · 인지 · 중지 세 손가락을 이용해서 즙을 짜낸다. 다른 한 손으로는 즙이 바깥으로 튀지 않도록 가린다.

② 새우

- 왕새우의 경우, 미리 발라져 나오므로 한 입 크기로 잘라먹으면 된다.
- 간혹 껍질째 나왔을 경우라도 당황하지 말고 손으로 껍질을 발라내어 먹은 후 핑거 볼finger bowl에 손을 닦아내면 된다.

③ 바다가재

- 주문할 때 어떻게 나오는지 묻고, 통째로 나온다면 껍질을 벗겨달라고 요청한다.
- 그렇지 않을 경우 집게발을 손으로 잡고 전용 집게로 가볍게 자른 후, 전용 포크로 살을 꺼내어 나이프와 포크로 잘라 먹는다.
- 비즈니스 런치나 디너에서는 상상할 수도 없는 음식이다.

④ 달팽이

- 에스카르고escargot 용 집게로 껍질을 고정시키고, 에스카르고용 포크로 집어내어 먹는다.
- 껍질 속에 남아있는 국물은 마셔도 되며, 버터 소스와 빵과 에스카르고를 버터 소스에 담가 먹는다.

5. 셔벗(Sherbet)

풀코스의 생선요리와 육류요리 사이에 제공되는 것으로, 단맛이 적고 알코올 성분이 있는 소량의 빙수와도 같다. 오늘날에는 거의 생략되고 있긴 하지만, 다음 코스의 식사를 위해 입안을 산뜻하게 하고 미각을 새롭게 하기 위한 것이다.

대개 다리가 긴 글라스에 담겨져 나오므로, 왼손으로는 글라스의 다리 부분을 잡고 오른손으로는 디저트용 스푼을 이용해서 떠먹는다.

6. 앙트레(Entree)

다양한 고기 종류가 있으나 메인 코스의 기본은 역시 쇠고기이다. 돼지고기는 특히 회교도들에게는 금기시되고, 같은 아랍권이라 할지라도 유대인들은 채식주의자가 많으니 식사 주문 시 상대방의 취향 및 문화 · 종교적인 배경에 대해 고려할 필요가 있다.

상대방이 특이체질일 경우, 사전에 식당 측과 협의하여 상대방이 당황하지 않도록 미리 주문해 놓는 것도 좋은 방법이다.

1) 육류의 종류

(1) 쇠고기

① 안심 부분의 스테이크: 샤토브리앙Chateaubriand, 필레Filet, 투르네도Tournedos, 필레 미뇽Filet mignon

② 리브Rib, 쇼트로인Shortloin, 서로인Sirloin, 립 스테이크Rib Steak 포터 하우스 스테이크Porter house steak, 티본 스테이크T-bone steak, 클럽 스테이크Club steak, 라운드 스테이크Round steak, 플랭크 스테이크Flank steak

(2) 양고기

우리나라에는 잘 알려져 있지 않지만 이탈리아 전통 음식 중의 하나이다. 또한 아랍 사람들이 가장 즐겨 먹는 고기이기도 하다. 특히 양갈비 로스트는 식도락가들이 즐겨 찾는 고급요리이다. 시중에 알려져 있는 칭기스칸 요리도 원래 몽고에서는 쇠고기보다 양고기를 사용해서 만든 토속음식이다. 양고기를 접해보지 못한 사람이라면 '냄새나는 음식' 이라는 선입견을 가지기 쉽다. 그러나 정식 식단에 오르는 양고기는 9개월 미만의 새끼 양lamb만을 엄선해 사용하므로 고기 냄새가 전혀 없다. 9개월이 넘은 양은 mutton이라 하여 먹지 않는다. 또한 고기 냄새를 없애기 위해 민트, 로즈마리, 타임, 마늘 등 다양한 향료를 첨가한 소스가 가미되기도 한다.

(3) 돼지고기

우리나라나 중국과는 달리 서양에서는 그다지 인기가 없는 고기이다. 물론 독일이나 일본에서는 돼지고기를 튀겨 먹기도 하고, 아르헨티나를 비롯하여 북미 지역에서는 Pork ribs라 하여 대중화된 돼지갈비를 즐기기도 한다.

2) 육류의 먹는 방법

(1) 스테이크

- 왼쪽부터 잘라 먹는 것이 정식이지만, 편한 대로 오른쪽부터 먹어도 된다.
- 한번에 다 잘라놓지 말고, 먹을 때마다 잘라 먹는다. 미리 잘라놓으면 육즙이 다 흘러나올뿐더러 빨리 식기 때문에 고기 맛을 즐길 수 없다.
- 쇠고기는 구우면 구울수록 소화하기 어렵고 맛이 떨어지므로 초보자가 아니면 midium 이상으로 익힌 음식은 피하는 것이 좋다.
- 서양사람 중의 일부는 빵으로 고기 접시 위에 떨어져 있는 육즙을 깨끗이 닦아먹는 경우가 있는데, 비즈니스 식사 시에는 권장할 만하지 않다.
- 단, 고기와 같이 나온 가니쉬를 사용한 장식은 고기와 함께 교대로 먹어도 된다.

(2) 양고기

- 양갈비의 경우, 뼈의 끝 부분에 종이가 감겨 있으면 그것을 왼손으로 잡고 나이프를 이용하여 살코기를 잘라낸다.
- 뼈는 처음부터 모두 발라내도 된다.
- 격식을 차리지 않는 자리에서는 중심 부분을 잘라내어 포크로 뼈를 뜯어먹어도

된다.

- 손으로 들고 먹는 일은 삼간다.
- 아랍과 아프리카의 야생미 넘치는 요리인 브로셰트Brochette라고 불리는 양고기 꼬치구이는 포크로 고기를 고정시킨 후 꼬치를 빼고, 나이프와 포크로 잘라먹는다.
- 꼬치를 뺄 때는 너무 힘을 주어 고기가 튀어나가는 일이 없도록 주의해야 한다. 포크로 고기를 눌러 고정시킨 후 꼬치를 돌려 뺀다. 고기의 크기가 클 때는 하나씩 빼가며 먹어도 된다.

(3) 닭고기

① 격식을 갖춘 만찬에서는 어떤 부분도 손가락으로 집어서는 안 된다.

② 그러나 격식이 필요 없는 식사에서는 닭고기의 다리 부분이 은박지로 싸여 서비스되므로 포크와 나이프를 이용해 적당한 크기로 자른 다음 손에 들고 뜯어먹어도 무방하다.

7. 샐러드(Salad)

연회가 열렸을 때 재미있는 일이 종종 발생한다. 맨 오른쪽에 앉은 사람이 샐러드가 없다고 당황해하며 새로 주문하는 경우가 있다. 샐러드의 위치는 항상 식탁의 왼쪽이다. 빵과 샐러드는 항상 테이블의 왼쪽에 놓인다.

두세 명이 즐기는 자리라면 오른쪽 · 왼쪽이 중요하지 않을 수 있으나, 20명 이상의 연회인 경우에는 자리에 착석하는 방향부터 음식이 놓인 위치 그리고 서빙되는 방향에 이르기까지 통일감이 있어야만 혼선이 없게 된다.

샐러드는 먹기에 쉽지 않은 음식이지만 일품이든 세트 요리이든 간에 반드시 곁들여지는 음식 중 하나이다. 포크와 나이프를 적절히 사용해 먹어야 하고, 드레싱이 얹혀져 나오는 경우가 많으므로 드레싱의 종류는 반드시 알아둘 필요가 있다.

샐러드 먹는 방법은 다음과 같다.

- 고기 냄새를 중화시켜 주므로 고기와 번갈아 먹는 것이 좋다.
- 샐러드와 고기가 같이 나올 경우, 샐러드용 포크와 나이프를 별도로 사용하지 않고 스테이크용으로 대신한다.
- 한입에 먹기 힘든 것만 나이프를 쓰고, 나머지는 포크를 오른손에 들고 먹는다.
- 여러 사람 몫이 한 그릇에 담겨져 나올 때는 오른손의 스푼으로 샐러드를 뜬 다음 왼손의 포크로 받쳐서 자기 접시에 옮겨 담는다.

8. 치즈(Cheese)

프랑스에서는 레스토랑이든 가정이든 간에 저녁에는 반드시 치즈를 먹지만, 일반적으로는 생략되는 코스이다. 보통 치즈하면 곰팡이 냄새가 연상돼 쉽게 접하기 어려운 음식이지만, 식전에 입맛을 돋우기 위해 전채로 먹거나 식후 디저트가 제공되기 전에 고기 맛을 가시게 하는 데 매우 효과적이어서 반드시 곁들이게 된다. 물론 냄새가 전혀 없는 치즈도 있다.

9. 디저트(Dessert)

디저트는 프랑스어로 데세르라고 하며, 원래 '추가'라는 뜻으로 고기요리가 끝난 후에 먹는다. 순서는 과자, 과일, 차의 순이다.

10. 커피 & 티(Coffee & Tea)

식사의 마지막 순서이다. 식사 주문 시 세트 요리를 주문했으면 차 종류는 일반적으로 포함되어 나오지만, 일품요리로 주문했으면 별도로 시켜야 한다. 식후에는 밀크커피처럼 양이 많고 연한 종류보다는 블랙커피나 에스프레소 등의 진한 종류가 더 어울린다.

제4절 양식 서비스 Key Point

1. 고객 입장

우리 식당을 찾아주신 데 대해 감사하는 마음이 고객에게 전해지도록 인사한다. 예약 사항을 확인한 후 자리 안내를 신속하게 한다.

간혹 고객 중에 식당에 도착하여 종사원의 안내에 따르지 않고 자리에 앉거나, 이미 예약된 자리의 변경을 요구하는 경우도 간혹 있으므로, 입장 시 이런 사항들을 신속히 파악해야 한다.

Key Point

- 웃는 얼굴로 밝고 또렷하게 맞이한다.
- 우리 매장을 찾아주셔서 감사하다는 마음이 손님에게 정확히 전달되도록 정성껏 인사한다.
- 고객의 입장에서 자리 안내 시까지 신속하고 정확하게 응대한다.

2. 인사

고객을 맞이할 때, 배웅할 때, 사과할 때 등 인사법은 매우 다양하다.
필요에 따라 적절한 인사를 할 수 있도록 평소부터 주의를 기울인다.
평소 자주 이용해 주시는 단골 고객인 경우에 호칭이나 직급을 불러드리고 친근한 미소로 인사하는 것이 좋다.

Key Point

- 인사는 몸을 굽히고 머리를 숙인다고 해서 끝나는 것은 아니다.
- 감사의 마음과 경의를 나타낼 수 있어야 한다.
- 인사는 윗몸을 깊이 숙일수록 정중하지만, 그때그때 상황에 따라 판단한다.
- 단골 고객인 경우, 고객의 성향에 맞는 인사 및 인사말을 덧붙이는 것도 좋다.

3. 자리 안내

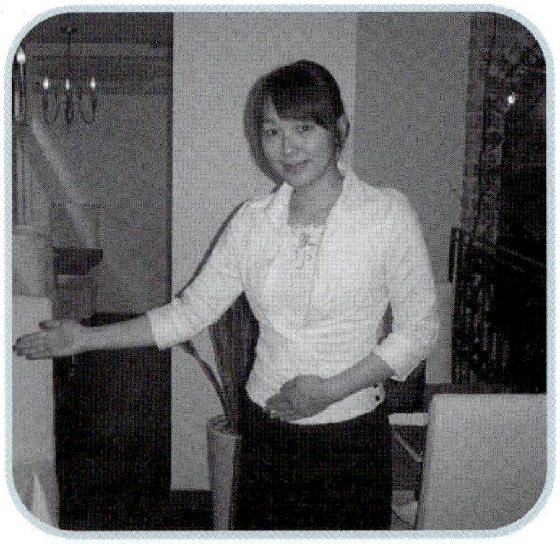

자리를 안내할 때에는 고객의 걸음걸이에 맞춰 걷는다. 무릎을 굽히지 않도록 주의하고 발바닥 전체가 바닥에 닿도록 걷는다. 이때 신발이 끌린다든지, 하이힐의 소리가 너무 크다든지 하는 것은 바람직하지 않다. 또한 고객에게 등을 완전히 돌려 안내하는 것보다 고객과 2~3보 정도 떨어진 거리에서 어깨 너머로 고객이 보일 정도의 거리에서 신속하게 자리로 안내하는 것이 좋다. 종사원이 가장 먼저 의자를 빼주는 자리가 상석이므로, 일행 중 가장 귀빈에게 자리를 안내한다.

자리 배치에 대해서는 나라마다 다소 차이를 보이지만 상석의 기준은 대동소이하므로, 공식적인 행사에서는 대부분 유럽과 미국식으로 안내하는 것이 바람직하다.

Key Point

- 고객을 따로 안내할 필요가 없는 작은 음식점일 경우 알기 쉽게 "이쪽으로 안내해 드리겠습니다."라고 안내해도 무방하다.
- 자리 안내 전에 두꺼운 외투나 부피가 커다란 물건이 있다면, 물건 보관함이나 별도의 장소에 보관해 드리는 것을 여쭈어본다.
- 안내된 자리가 마음에 들지 않는 고객의 응대는, 기존의 예약 사항 및 영업장의 상황을 고려하여 고객의 기분이 상하지 않는 범위 내에서 신속하게 응대한다.
- 우리나라는 상석의 위치를 매우 중요하게 생각하므로, 자리 안내 시 모임의 형태나 연장자의 상황을 판단하여 자리를 배치하는 것이 좋다.

4. 착석 서비스

고객이 자리에 앉기 쉽도록 두 손으로 의자 등받이를 잡아 가볍게 빼 드린다.

고객이 앉을 때, 두 손과 한쪽 무릎을 사용하여 살며시 밀어드린다.

안내된 테이블에 앉을 때 여성을 동반한 남성이 의자를 빼주는 경우에는 종사원은 다른 고객의 응대를 도와드린다.

여성의 경우 작은 핸드백이나 작은 소지품은 의자 뒤에 놓아두어도 무방하므로, 옆자리로 옮겨드리지 않아도 된다.

Key Point

- 착석 순서는 노약자, 어린이, 지체부자유자 또는 여성 순으로 앉도록 돕고 Host가 마지막으로 착석하도록 돕는다.
- 착석이 끝나면 테이블 담당자에게 인계하고 '즐거운 시간이 되시기를 바란다'는 정중한 인사를 한 후 제 위치로 돌아온다.
- 남성 고객일 경우라도 연세가 높거나, 몸이 불편한 고객이라면 여성보다 먼저 도와드리는 것이 예의이다.

5. 보관 서비스

겨울철이나 부피가 큰 물건을 가지고 들어온 고객에게 보관서비스를 해드린다.

지정된 보관룸이 있는 경우에는 보관룸에 보관하고 키를 넘겨드리고, 돌아가실 때 다시 한번 확인해 드린다.

만약 고객이 보관을 원하지 않을 때에는 고객의 외투, 모자, 가방, 짐 등을 고객이 편리하도록 테이블 옆 또는 고객이 주위에 놓아 드린다.

Key Point

- 고객이 보관을 원하실 때에는 보관표를 반드시 본인에게 드리고 보관품을 소중히 관리한다.
- 나가실 때에는 필히 보관표의 번호를 확인 대조하고 다른 보관품과 바뀌지 않도록 주의한다.
- 옆 테이블이나 동반 고객에게 피해를 주지 않는다면 고객의 옆 좌석에 물건을 놓아드리는 것도 무방하다.

6. 주문 서비스

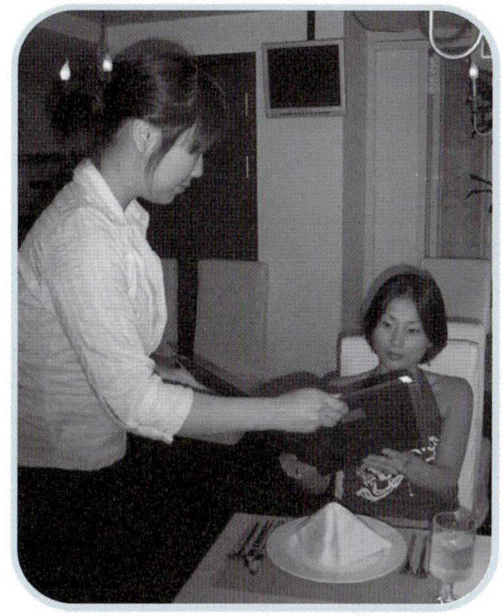

고객이 자리를 잡고, 모든 일행이 도착한 것을 확인하면 주문을 받는다.

주문받을 때에는 양발을 모으고, 양팔은 겨드랑이에 자연스럽게 붙이며 양손은 주문서와 볼펜을 가슴 앞으로 하여 허리를 15도 정도 숙이고, 고객의 좌측에서 얼굴을 주시하며 공손히 주문받는다.

Key Point

- 주문받을 때에는 시계방향으로 여자, 남자, hostess, host 순으로 받는다.
- 단체고객 또는 인원이 많은 고객일 경우 예외적으로 host에게 일괄적으로 주문받는 경우도 있다.
- 간혹 메뉴를 먼저 보길 원하시는 고객에게는 메뉴를 드리고 기다린다. 너무 재촉한다든지, 고객의 테이블에 서 있는 등의 행동은 삼간다.

7. 음료 서비스

글라스는 위생상 반드시 1/3 하단 쪽을 손끝으로 가볍게 쥐어야 하며, Water glass 또는 Wine glass 우측 아래에 놓는다.

테이블에 글라스를 놓을 때에는 절대 소리가 나선 안 되며, 놓은 후에는 반드시 고객 앞으로 1cm 정도 살며시 밀어 드린다.

Key Point

- 테이블 클로스를 사용하지 않는 테이블에 음료 글라스를 놓을 때에는 반드시 Coster 또는 Cocktail napkin을 깔고 서비스한다.
- 찬 음료의 경우 글라스 표면에 물방울이 맺힐 수 있으므로, 고객의 옷에 물방울이 떨어지지 않도록 각별히 신경 쓴다.
- 뜨거운 음료일 경우 반드시 "굉장히 뜨겁습니다. 조심하십시오."라는 적절한 응대를 한다.
- '찬 음료는 차게, 더운 음료는 덥게' 서비스하는 것이 최고의 서비스이다.

8. 수프(Soup) 서비스

Soup bowl에 담아서 서비스할 때에는 고객의 우측에서 서비스해 드린다.

단체 고객일 경우 수프 터린soup tureen에 담아서 서비스할 때에는 고객의 좌측에서 서비스해 드린다.

수프의 내용물에 대하여 설명해 드린다.

Key Point

- 따뜻하게 먹는 요리이므로 따뜻하게 제공한다.
- 보통 만찬에서의 수프는 손잡이가 달린 작은 컵에 담겨 나오는데, 이때는 Soup spoon보다 좀더 작은 크기의 스푼을 제공한다.
- 고객이 수프 스푼을 Soup bowl 위에 두거나 접시받침 위에 올려놓는 것을 확인하면, 테이블을 정리하고 다음 메뉴 준비를 한다.

9. 샐러드(Salad) 서비스

샐러드는 고객의 우측에서 드리며, Salad dressing은 반드시 고객의 좌측에서 어떤 드레싱으로 드실 건지 여쭈어본 후에 오른손으로 정중히 샐러드 위에 끼얹어 드린다.

Key Point

- 신선한 야채를 드실 수 있도록 늘 주의한다.
- 샐러드는 meat나 fish처럼 나이프와 포크를 사용하여 먹는데, 나이프와 포크의 사용이 정확하지 않은 고객의 테이블은 조용히 기물을 바로 잡아 드린다.
- 샐러드 포크의 옆 날로 샐러드를 자를 수 있다면, 나이프는 테이블에 놓아두어도 괜찮으므로 치우지 않아도 된다.

10. 음식 서비스

반드시 뜨거운 요리는 뜨겁게, 차가운 요리는 차게 서비스한다.
따라서 뜨거운 요리는 뜨거운 식기에, 차가운 요리는 차가운 식기에 담아서 서비스해야 한다.
뜨거운 요리를 서비스할 때에는 고객에게 대단히 뜨겁다는 말씀을 드려 주의를 환기시킨다.

Key Point

- 요리에 따른 소스sauce 종류가 많은데, 일반적으로 묽은 소스 류는 주요리에 골고루 끼얹어 드리고, 농도가 진한 소스 류는 주요리에 끼얹지 말고 주요리 옆 접시의 빈 부분에 덜어준다.
- 드레싱dressing이란 '옷을 입힌다'는 사전적인 의미처럼 샐러드에 덧입혀 먹는 소스이다.
- 정찬 시에는 일반적으로 프렌치드레싱을 주로 먹지만 취향에 맞게 별도로 주문하는 고객도 있으므로 House dressing에 대한 정보를 알고 있어야 한다.
- 드레싱의 기본은 자국의 음식에 맞춘 것을 사용하므로, 외국인 고객의 경우에는 대중적인 드레싱을 추천하는 것이 좋다.

  예) French dressing, Thousand island dressing, Italian dressing 등

11. Empty Dish Take Out

고객이 다 드신 빈 접시를 치울 때에는 큰 접시부터 작은 접시 순으로 같은 크기의 접시를 정리해서 빼고, bowl과 glass와 같은 작은 식기는 트레이를 사용해서 뺀다.

고객이 남긴 음식과 포크, 나이프를 분리하여 한 접시에 모을 때에는 고객에게 보이지 않도록 고객 뒤쪽에서 물러나서 정리한다.

Key Point

- 다 드신 식기를 치우기 전에 반드시 테이블을 정리해도 되는지 여쭤본다.
- 식기 치우는 소리가 요란하게 나서는 안 된다.
- 손님 앞에서 음식물 찌꺼기를 합치는 등의 서비스는 절대 안 된다.
- 후식 서비스를 위해 테이블을 깨끗이 정리해 드린다.

12. Coffee Service

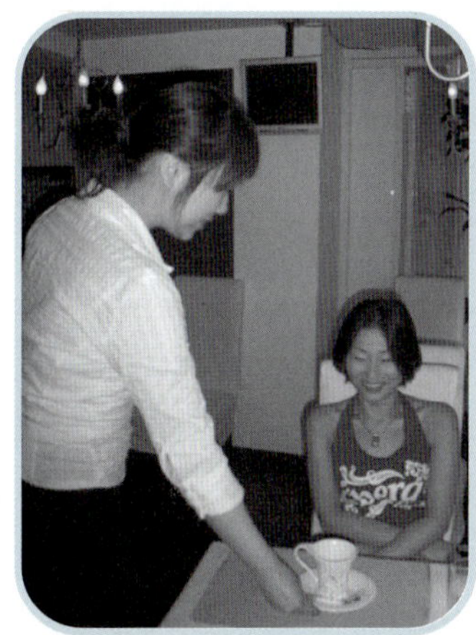

Coffee cup은 항상 Coffee cup warmer에 넣어 사전에 뜨겁게 데워야 하며, 밑받침은 cup이 미끄러지지 않도록 도일리 doily를 깔아서 세팅한다.
Coffee cup은 고객의 우측에서 손잡이가 오른쪽으로 향하도록 물컵 아래쪽에 놓아 드리며, Tea spoon은 cup의 앞부분에 손잡이와 평행되게 얹어놓는다.

Key Point

- Coffee service 온도는 80℃ 정도가 좋으며, cup에 8부 정도 채운다.
- 고객이 coffee를 다 마셔갈 즈음에 더 드실 건지 여쭤보고, 더 원하실 경우에는 second service를 한다.
- Coffee를 제공할 경우에는 설탕과 크림을 같이 제공해 드린다. 경우에 따라서 milk를 찾으시는 고객도 있으므로 고객의 요청이 있으면 준비해 드린다.

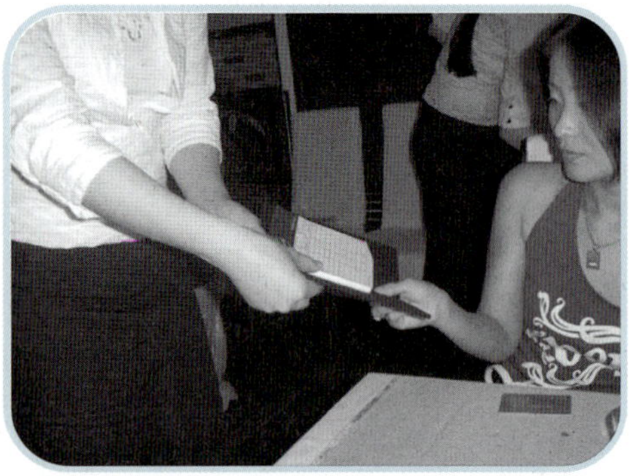

13. Billing Service

계산은 Cashier desk에서 이루어지는 것이 원칙이나 테이블에서 요구할 때에는 계산서를 갖다 드린다.

고객에게 계산을 받기 전에 계산서의 기재사항을 확인한다. (Table번호, 고객수, 금액, 품목 등)

계산서는 반드시 Bill holder에 끼워서 보여드리며, 영수증과 거스름돈은 준비된 봉투에 넣어 Chit tray에 담아 공손히 드린다.

Key Point

- 수표를 지불하실 경우 뒷면에 고객 성함과 연락처 기재를 받도록 한다.
- 신용카드 계산 시 본인 카드인지 여부를 확인한 후 결제받고 서명받는다.
- 고객이 이용하신 메뉴에 대한 설명을 다시 한번 드리고 결제받는다.
- 현금영수증과 할인카드 및 쿠폰의 여부를 확인한다.

14. 환송 서비스

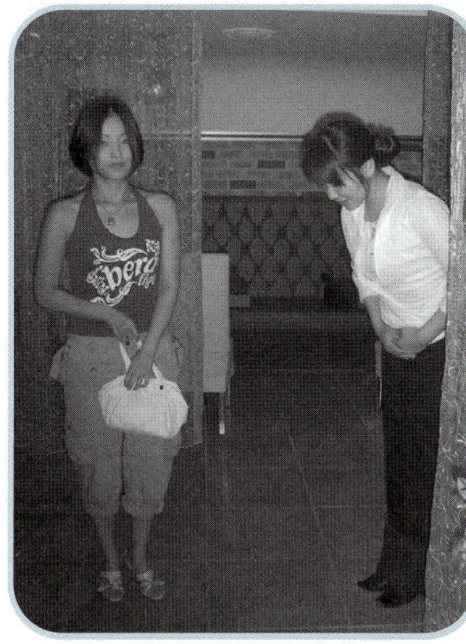

접객 담당자는 고객이 일어날 때 즉시 의자를 빼드리고, 테이블 주위에 빠뜨린 물건이 없는지 확인하며, 떠나실 때에는 이용해 주신 데 대한 감사를 표시하며, 출구 쪽을 향해 방향을 제시하고 정중히 인사드리며 배웅한다.

환송 담당자는 고객 퇴장 시 계산을 신속하게 할 수 있도록 계산대로 안내하고 감사의 인사말과 접객의 평가, 만족도를 확인하고 재방문의 언약을 받도록 한다.

Key Point

- 웃는 얼굴로 밝고 편안하게 서비스한다.
- 우리 매장을 찾아주셔서 감사하다는 마음이 손님에게 정확히 전달되도록 정성껏 인사한다.
- 고객이 매장을 나가실 때 인사를 하는 것이 기본이나, 매장의 상황에 따라 융통성 있게 고객이 기분 나쁘지 않을 정도의 환송도 무방하다.

제9장

한식서비스 Key Point

제1절 한국요리의 특성

한국요리는 각 지방과 해안지역에 따라 생산되는 다양한 농수산물 및 사냥과 가축사육을 주축으로 향토성이 짙은 음식들이 태동되었다. 또한 종교의 전파로 인한 영향, 외세의 침입에 따른 새로운 문물도입의 영향을 받으면서 형성된 음식들도 있다. 향토음식, 궁중음식, 민간신앙음식, 관혼상제음식, 사찰음식, 계절음식, 발효음식, 떡, 과자 등 분야별로 시대변화의 과정을 거치면서 독특한 조리기술이 개발되고 발전되었으며, 상차림 및 독창적인 식기문화의 변천과 더불어 우리의 식문화가 발전되어 왔다고 할 수 있다.

오랜 세월 동안 이루어진 독특한 형태의 다양한 음식물이 사회구조와 외래문화의 영향으로 오늘날에 와서는 전통성을 잃어버린 것도 있고, 또한 잊혀진 것들도 많은 반면에, 현재까지 계승되어 온 것들도 많다. 한식은 쌀을 주식으로 김치, 된장찌개, 불고기 등이 역사와 함께 유지되어 온 대표적인 한국요리라고 할 수 있다.

제2절 한식 테이블 세팅(Table setting)

1. 한식 기본 세팅

- Table Mat (테이블 매트)
- Napkin (냅킨)
- Spoon & Chopstick Holder (수저받침)
- Spoon (숟가락)

- Chopstick (젓가락)
- Leaf Tea Cup (컵)

한식 서비스의 세팅의 경우 제공되는 메뉴와 식당의 운영 형태에 따라 달라질 수 있다. 금연이 허락된 공간이라면 재떨이와 성냥 등이 제공될 수 있고, 소금 및 후추 병, 꽃병 등이 센터피스로 제공될 수 있다.

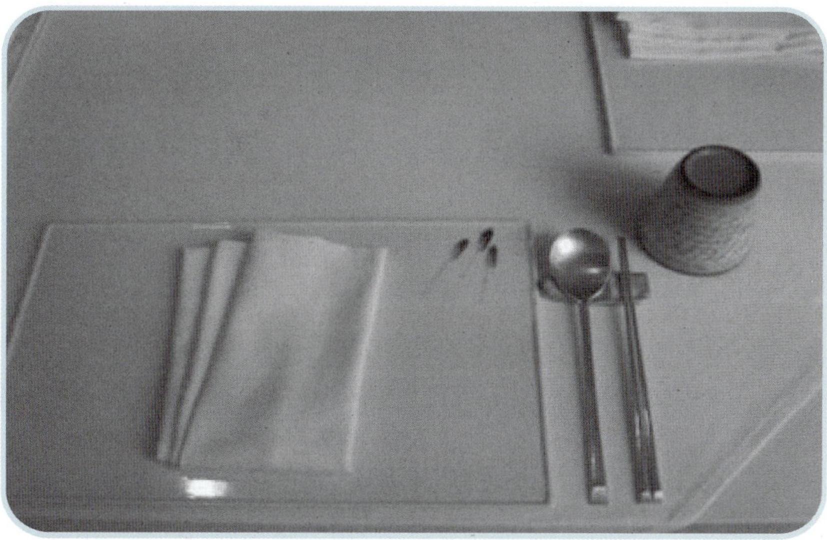

2. 한식 테이블 세팅을 위한 기본원칙

- 아침 · 점심 · 저녁을 막론하고 반상으로 접대할 때에는 반상기를 사용하므로, 요리를 담은 그릇은 반드시 뚜껑을 덮는다.
- 맨 윗줄은 야채요리를 놓고, 그 중심에는 김치를 놓는다.
- 중간 줄은 마른 찬이나 조림 등을 놓는다.

• 상의 오른쪽 윗부분에는 더운 요리 중 국물이 없는 요리를 놓는다.
• 상의 오른쪽 아래 부분에는 국물이 있는 더운 요리를 놓는다.
• 남아있는 초간장 주위에는 초간장이나 초고추장을 필요로 하는 요리를 놓아 중앙을 차지하게 한다.
• 식사가 끝나면 상과 그릇을 전부 가져가고, 별도로 후식을 대접한다.

3. 한식 연회 세팅 시 유의사항

• 공동으로 식사할 수 없는 간장, 초간장, 밥, 탕, 물김치, 신선로 등은 각 개인에게 요리를 담아 접대한다.
• 초간장을 필요로 하는 요리는 초간장이나 초고추장 그릇 주위에 대각선을 이루도록 놓는다.
• 국물이 있는 요리는 오른쪽, 마른 요리는 왼쪽에 놓는 것을 원칙으로 한다.
• 김치는 중심에 놓고, 더운 요리와 찬요리는 서로 대각선으로 놓아 상대편 고객이 불편이 없도록 주의한다.
• 수저, 물컵, 냅킨은 식사 전에 식탁에 차려놓으며 장 종지와 요리를 덜어 먹을 수 있는 빈 접시를 접대한다.
• 차가운 반찬, 마른 반찬, 국물 없는 더운 요리, 국물 있는 더운 요리의 순서로 접대한다.
• 식사가 끝나면 식기 전부를 걷어 가고, 후식을 접대한다.

4. 개인 접대식 세팅 시 유의사항

양식식사 접대방법과 동일하며, 양식 정찬 순서에 한식을 대치시킨다. 빵 순서에 밥을 접대하며 찬이 될 수 있는 김치, 나물, 마른 찬, 간장, 초간장 등은 반상기에 담아 식사 전에 식탁에 차리도록 한다.

- Appetizer : 구절판, 수삼샐러드, 야채 쌈 말이 등
- Soup : 신선로, 대합 탕 등
- Fish : 생선 전유어, 메로구이, 삼치구이, 은대구구이 등
- Entree(앙트레) : 너비아니구이, 갈비 등
- Salad : 겨자채, 초회 등
- Dessert : 경단, 화전, 과일, 화채, 차 등

개인 접대식의 상차림 방법과 접대순서는 다음과 같다.

① 밑접시를 고객 좌석 앞 중앙에 놓는다.
② 밑접시 위에 냅킨을 올려놓는다.
③ 차림표에 신선로 대신 탕이 있을 경우는 밑접시 옆에 탕 그릇의 자리를 남겨놓고 수저를 놓는다.
④ 밑접시 앞에는 찬이 되는 요리들과 기본 찬을 반상기에 담고 뚜껑을 덮어 대접한다.
⑤ 수저 끝의 오른쪽에 물컵을 놓는다.
⑥ 신선로, 탕, 생채, 밥 등은 식사 시작과 함께 접대순서에 의해 접대되므로 그 장소를 남겨놓는다.
⑦ 그 외의 요리는 순서에 의해 접대되는 요리로 밑접시 위에 요리를 담은 그릇을 접대한다.
⑧ 정식 코스의 요리는 양식 접대방법과 같이 한 가지씩 접대하며, 한 가지 식사가 끝나면 그 요리그릇만 회수하고 밑접시는 그대로 남겨 두어 다음 요리 접대에 사용한다.
⑨ 식사가 끝나면 식기를 전부 회수하고, 순서에 의해 후식을 대접한다.

제3절 한식서비스 Key Point

1. 고객 입장

고객이 식당 입구에 들어서면 입구의 안내요원이 자리를 안내한다.
안내요원이 없는 경우에는 고객을 처음 발견한 직원이 자리를 확인한 후 안내한다.

Key Point

- 노약자 및 어린이 동반 시 이동이 용이한 장소로 안내한다.
- 첫인상이 중요하므로 처음 고객을 맞이하는 종사원은 밝은 미소를 짓는다.
- 우천 시 젖은 우산이나 빗물에 바닥이 미끄럽지 않도록 조치한다.

2. 인사

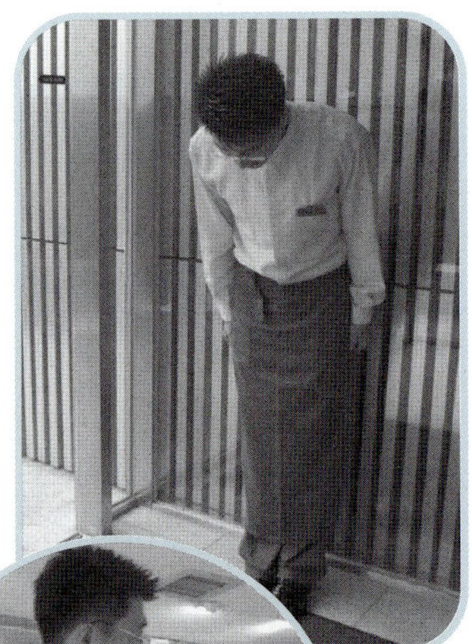

고객이 식당에 들어오면 정중하고 밝게 인사한다.
영업장마다 정해진 인사말과 함께 전 직원이 인사하도록 한다.

Key Point

- 고객은 3초 안에 식당의 서비스를 평가할 수 있다.
- 인사는 고객 서비스의 시작임을 잊지 않는다.
- 늘 아침인사 같은 느낌의 인사를 건넨다.
- 대상에 맞는 인사법을 고려한다.

3. 자리 안내

인사를 끝마치고 나면 고객의 예약 여부나 인원수를 확인한 후 자리로 안내한다. 안내원이 있는 식당에서는 별 무리가 없겠지만 안내원이 없는 경우에는 전 직원이 예약사항이나 기타 자리 안내에 대한 정보를 모두 같이 공유하고 있어야 한다.

Key Point

- 노약자, 어린이, 단체손님, 연인 등의 상황에 맞게 자리 안내를 한다.
- 고객이 원하는 자리로 안내하되, 예약 등의 상황을 정확히 숙지한다.
- 전 직원이 그날의 영업장의 행사 및 예약 사항을 숙지한다.

4. 착석 서비스

고객이 자리에 앉기 쉽게 두 손으로 의자 등받이를 잡아 가볍게 빼고, 앉으실 때 두 손과 한 쪽 무릎을 사용하여 살며시 밀어드린다. 간혹 착석 서비스를 불편해 하시는 고객의 경우 자리 안내만 해드린다.

Key Point

- 어린이를 동반한 고객을 위해 baby chair를 준비한다.
- 큰 가방이나 외투는 옆의 의자에 놓아 드리거나 cloak room에 보관해 드린다.
- 거동이 불편한 고객인 경우, 고객의 착석 서비스에 세심한 배려를 해드린다.
- 착석 서비스 시 먼저 식사 중인 옆 좌석의 고객에게 불편을 드리지 않도록 주의한다.

5. 냅킨 서비스

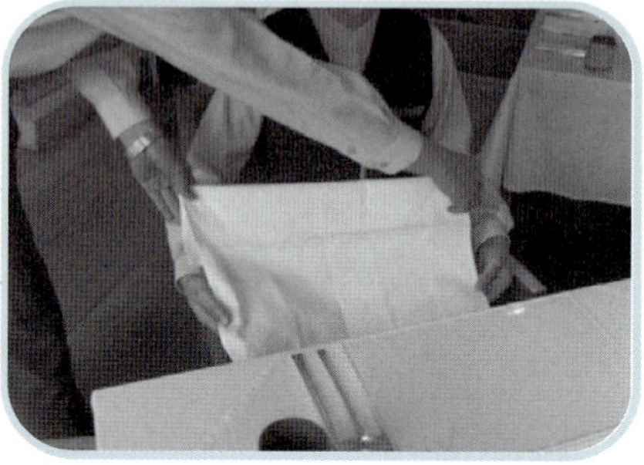

모든 고객이 자리에 착석하면, 제일 상석에 앉아 계신 고객의 냅킨서비스를 도와드린다.
냅킨의 앞, 뒷면을 정확히 확인하여 서비스한다.
먼지가 날리지 않도록 조심스럽게 냅킨 서비스를 해드린다.

Key Point

- 고객이 원하지 않으면 서비스를 중단한다.
- 어린이의 경우 목에 거는 종이냅킨이나 앞치마를 준비해 준다.

6. 오차 서비스

고객이 자리에 앉으면 준비된 오차나 물을 먼저 서비스 해드린다. 오차의 온도를 잘 맞추어서 서비스한다.
오차는 온도가 뜨겁고, 차가운 정도를 서비스 시 고객에게 알려드린다.
영업장에서 이용하는 차의 종류가 특별한 것인 경우 이에 대한 정보도 고객에게 알려드린다.

Key Point

- 오차잔의 7~8부 정도 서비스한다.
- 너무 가득 서브해서 고객이 입술을 데는 일이 없도록 한다.
- 어린이 동반 고객일 경우 뜨거운 오차를 주의시킨다.
- 어린이나 유아 동반 고객일 경우, 사기잔이나 유리잔 같은 물컵 사용을 피한다.

7. 메뉴 서비스

메뉴는 고객의 우측에서 드리고 주문받을 때에는 고객의 좌측에서 받는다.(경우에 따라서는 유동적일 수도 있다.)

주문 기록은 통일된 약자로 정확히 기재하며, 복창하여 확인한다.

메뉴를 드리고 바로 옆에서 기다린다든지 하여 고객이 재촉받는 느낌이 들게 해서는 안 된다.

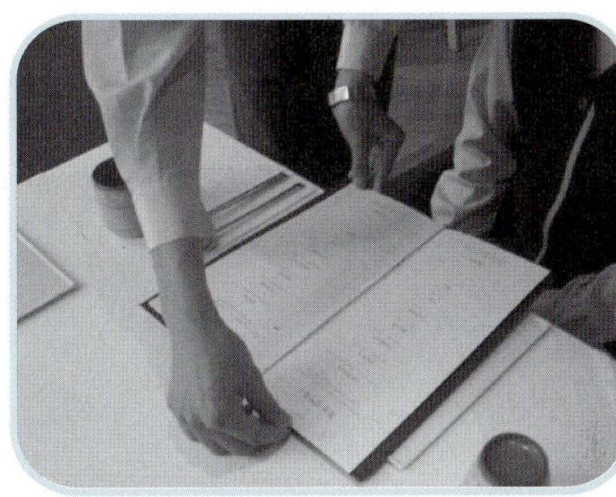

Key Point

- 메뉴를 제시할 때에는 남녀일 경우 여성에게 먼저 건네드린다.
- 연회 시와 같이 많은 고객들이 있을 경우에는 주빈 또는 주최자의 왼쪽 고객부터 시계방향으로 여자, 남자, hostess, host 순으로 드린다.
- 음료와 식사 메뉴가 따로 준비되어 있는 식당에서는 메뉴를 따로 전해드린다.
- 메뉴 서비스를 하고, 잠시 물러났다가 고객이 원할 때 도와드린다.
- 너무 재촉하는 느낌을 주면 안 된다.

8. 주문 서비스

주문을 받을 때는 항상 메모지와 볼펜을 지참하여 즉시 주문내용을 받아 적는다.
펜을 쥐고 메모지를 가슴 앞으로 하며, 허리를 15도 정도 숙이고, 고객의 좌측에서 얼굴을 주시하며 공손하게 주문을 받는다. (자리나 상황에 따라 유동적일 수 있다.)

Key Point

- 주문을 받기 전에 그날의 Special 요리나, 많지 않은 식재료의 수량 등을 파악해 둔다.
- 고객의 특별한 주문 요청이 있을 경우 주방과 신속히 연락하여 가능 여부를 확인한다.
- 시간이 오래 걸리는 요리를 주문받을 때 반드시 소요시간을 알려드리고, 빨리 나올 수 있는 메뉴를 같이 추천하여 식사를 너무 오래 기다리지 않게 조절한다.
- 처음 방문하는 고객이나, 주문에 서투른 고객에게는 적당한 메뉴와 가격대를 추천해 드린다.
- 주문이 끝나면, 주문하신 내용에 대하여 다시 한번 반복해 확인해 드리고, 감사의 표시로 정중하게 인사한 후 물러난다.

9. 접객 서비스

종사원들은 접객 서비스에 임할 때 반드시 서비스 순서를 염두에 두고 효율적으로 일을 처리한다.
서브 순서는 주문받을 때와 동일하게 시계방향으로 Lady First, 연령의 노소, 직위 고하, Hostess, Host 순으로 행한다.

다만, 우리나라의 경우 경로사상에 의해 가장 웃어른에게 서비스를 해야 하는 경우가 있다.

이때는 서버가 요령껏 그 식탁의 분위기를 저해하지 않는 범위에서 서비스를 한다.

Key Point

- 주문 후, 메뉴에 맞게 개인 접시를 세팅할 경우, 나올 메뉴에 대해 간단한 설명을 드리는 것이 좋다.
- 메뉴 제공 시 반드시 "주문하신 ○○○입니다."라고 설명을 곁들인다.
- 너무 서두른다든지, 옆 테이블 순서와 바뀐다든지 하는 실수를 해서는 안 되므로 접객 서비스에 임하기 전에 서비스 스테이션에서 다시 한번 확인 후 서비스한다.

10. 음식 서비스

음식이 미리 접시에 담겨진 것은 왼손으로 들고, 고객의 오른쪽에서 오른손으로 서비스한다.

음식을 큰 접시에 담아서 서비스할 때에는 고객의 왼쪽에서 오른손으로 준비된 요리를 서비스한다.

서비스하기 전에 고객의 주문내용에 따라 요리에 맞는 기물로 테이블 세팅을 해드린다.

Key Point

- 식사를 서비스할 때와 치울 때에는 반드시 트레이를 사용한다.
- 서비스 도중 트레이를 고객의 머리위로 스쳐 지나지 않도록 주의한다.
- 음식의 종류 및 먹는 방법 등에 대한 간단한 설명도 잊지 않는다.
- 주문 시 고객이 요청한 사항이 있으면 그것을 먼저 서비스 해드린다.

접시를 쥘 때에는 절대로 엄지손가락이 접시의 테 안쪽으로 들어가지 않도록 주의한다.

무늬나 마크가 들어있는 접시 또는 그릇은 무늬나 마크가 고객의 정면으로 오도록 하고, 접시를 놓을 때에는 테이블 끝에서 약 2cm 정도 안쪽으로 살며시 내려놓는다.

Key Point

- 주문된 음식을 제공해 드릴 때에는 소리가 나지 않도록 주의한다.
- 어떤 식음료를 제공하더라도 Two-Touch Service를 잊지 않는다.
- 음식을 제공할 때는 요리의 위 · 아래를 잘 확인하여 서비스한다.
- 주문된 요리를 주문한 고객에 맞게 제공해 드린다.

한국요리는 유난히 국물이 있는 뜨거운 요리가 많다.

뜨거운 요리를 서비스할 경우 각별히 주의해야 한다.

미리 서비스할 자리를 확인한 후 고객에게 "실례하겠습니다"라고 예고한 후 천천히 서비스 해드린다.

이때 고객의 행동반경을 잘 살펴 갑자기 일어날 수 있는 돌발 상황에 대비해야 한다.

어린아이나 노약자가 있는 경우 다시 한번 확인한다. 용기의 뚜껑이 뜨거울 경우에는 고객의 양해를 구한 후 열어드린다.

Key Point

- 요리 서비스의 원칙은 '뜨거운 요리는 뜨겁게, 차가운 요리는 차갑게' 서비스하는 것이 기본 원칙이다.
- 간혹, 뜨거운 요리의 서비스 시 사고가 왕왕 일어날 수 있다. 뜨거운 요리를 서비스할 때에는 반드시 사소한 동작에도 신중을 기해야 한다.
- 어린이를 동반한 고객은 반드시 어린이와 동반 부모에게 뜨거운 메뉴에 대한 주의를 다시 한번 확인시킨다.

고객이 주문하신 식사를 서비스할 경우 먼저 드신 요리가 있다면, 그 그릇을 정리한다.
오븐에서 바로 준비된 뜨거운 요리를 서비스할 경우에는 밑접시와 함께 같이 서비스한다.
정식 코스의 요리는 양식 요리와 같은 방법으로 순서에 따라 메뉴 한 가지씩 서비스된다. 이때 코스별 내용을 고객에게 안내한다.

Key Point

- 한식 코스요리일 경우, 서비스 제공 시 메뉴에 대한 간단한 재료 및 설명을 곁들인다.
- 식사 중간 중간 식사의 속도를 여쭈어 편안한 식사가 되도록 배려해 드린다.
- 어린아이나 노약자를 동반한 고객일 경우, 노약자가 쓰기 편안한 기물을 미리 서비스 해드린다.
- 맛있는 요리와 함께 적절한 멘트를 더 하면, 한층 좋은 서비스가 될 수 있다.
- 식사 중간에 부족한 반찬류나 차 서비스에도 소홀히 해서는 안 된다.

11. 뒷정리 서비스

담당 테이블에 식사가 모두 끝난 것을 확인한 후 테이블 정리를 해드린다.

"식사 맛있게 하셨습니까?, 테이블 정리해드려도 괜찮으십니까?" 여쭈어본 후 테이블을 정리해 드린다.

정리 시에는 너무 소란스럽거나 고객의 대화를 방해하지 않는 범위 내에서 신속하고 조용하게 서비스 한다.

후식이 있는 경우, 고객에게 후식에 대한 설명과 함께 후식 주문을 도와드린다.

Key Point

- 식사를 마친 것을 확인한 후 테이블을 정리해 드린다.
- 테이블 정리 시 신속하고 정중하게 고객의 대화를 방해하지 않는 범위에서 진행한다.
- 후식 주문도 메뉴 주문과 동일하게 받는다.
- "식사는 어떠셨는지" 반드시 여쭈어본 후 주방에 피드백 해준다.

12. 계산 서비스

원래 계산 서비스는 테이블이나 룸에서 해드리는 것이 원칙이나 서비스의 형태나 식당의 운영형태가 바뀌면서, 계산 서비스도 달라졌다.

고객이 식사를 마치고 계산을 원하실 경우 식사한 내역에 대하여 다시 한번 안내해 드린다.

- 총 금액 또는 할인 금액에 대한 안내를 해드린다.
- 할인카드나 쿠폰 등이 있는지 확인해 본다.
- 영수증은 사인하시기 편한 위치로 돌려드린다.
- 정산된 영수증은 영수증 함에 잘 접어서 전달해 드린다.
- 즐거운 식사가 되셨는지 다시 한번 eye-contact 한다.

Key Point

- ♥ 고객이 계산하시기 전에 할인카드나 쿠폰이 있는지 먼저 확인해 드린다.
- ♥ 적립카드나 현금영수증의 발행에 대하여 여쭈어본 후 결제를 진행한다.
- ♥ 고객의 식사 내역을 다시 한번 확인해 드리고 결제 방법을 여쭙는다.
- ♥ 카드에 이상이 있거나, 결제가 원활하게 이루어지지 않을 때에는 고객의 기분이 상하지 않게 다른 안내를 해드려 결제를 도와드린다.
- ♥ 카드 결제일 경우 사인 패드가 고객이 사인하기 편한 위치로 돌려드린다.
- ♥ 영수증과 거스름돈이 있을 경우 작은 봉투를 준비하여 정중하게 담아드린다.
- ♥ 간단한 인사말이나 보관이 용이한 영수증함의 센스도 차별화된 서비스를 만든다.

13. 환송 서비스

마지막 인사까지 정성스럽게 드린다. 가능하면 서비스를 담당했던 직원이 환송해 드린다.
고객이 잊고 가시는 물건이 없는지 담당 직원은 룸이나 테이블을 빨리 확인해 본다.
마지막 인사말로 고객의 기분을 높여 드린다.
고객이 영업장을 완전히 나설 때까지 환송을 해드리는 것이 고객에게 마지막까지 좋은 서비스로 기억된다.

Key Point

- 고객이 테이블을 떠나면, 담당 종사원은 고객이 두고 가는 물건이 없는지 확인해 드린다.
- 우천 시 우산이나 겨울철 코트나 큰 물건 등을 잊지 않았는지 체크해 드린다.
- 가능하면 서비스를 담당했던 직원이 환송해 드리는 것이 좋다.

제10장

일식서비스 Key Point

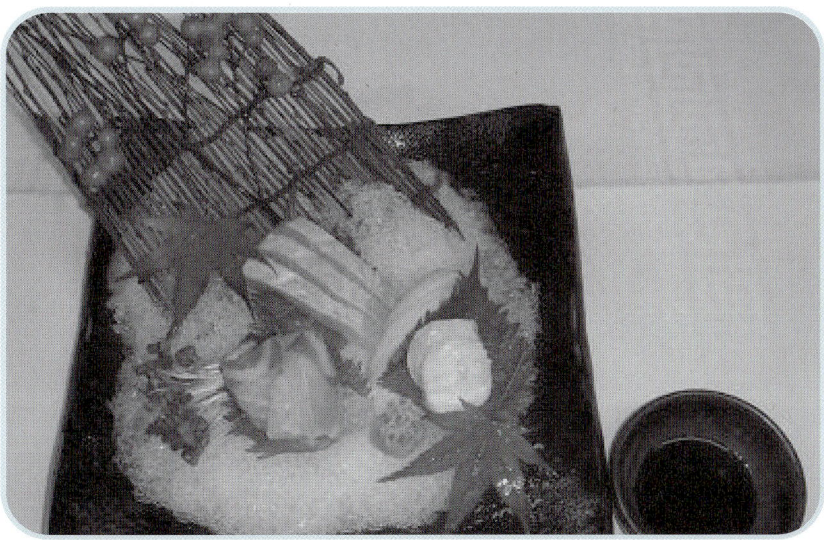

제1절 일식(Japanese Restaurant) 서비스 실무

1. 일본요리의 역사

일본열도는 북동에서 남서로 길게 뻗어 있고, 바다로 둘러싸여 있어서 지형과 기후의 변화가 많다. 따라서 일본요리는 사계절 생산되는 재료가 다양하고, 계절에 따른 맛도 다르며, 해산물이 매우 풍부하다.

일본열도는 쌀을 주식으로 농산물과 해산물이 부식으로 형성되었는데, 일반적으로 맛이 담백하고, 색채와 모양이 아름다우며, 풍미(향기, 혀끝 감촉, 씹는 맛)가 뛰어난 것이 특징이다. 그러나 이러한 특징을 너무 존중한 나머지 때로는 식품영양을 고려하지 않는 경우도 있었다. 제2차 세계대전 후부터는 구미 식생활의 영향을 받아 서양과 중국풍의 요리가 등장하면서 영양적 측면도 고려하게 되었다.

2. 일본요리의 특성

- 어패류를 재료로 하는 요리가 발달하였다.
- 생식 요리가 발달하였으며, 조미법에서 재료가 갖고 있는 맛을 최대한 살릴 수 있다.
- 계절감이 뚜렷하다.
- 요리를 담는 기물이 다양하고 예술적이다.
- 요리를 담을 때 공간과 색상의 조화를 매우 중요시한다.
- 비교적 요리의 양이 적으며 섬세하다.

- 일본요리의 메뉴는 그 조리법에 따라 분류된다.
- 전체가 계절별로 다양하다.
- 양식과 중식에 비해 강한 향신료의 사용은 비교적 적은 편이다.

3. 형식에 따른 분류

일본요리는 형식에 따라 본선요리本膳料理, 가이세끼요리會席料理, 차회석요리茶懷石料理, 정진요리精進料理, 보차요리普茶料理 등으로 크게 분류할 수 있다.

1) 혼젠요리(本膳料理)

혼젠요리는 옛날 일본 도산(逃山 : 약 370~400년전)시대의 조리법으로 전해 내려오다가, 에도江戶시대로 들어서면서 조리법이 문화의 변천에 따라 상이 화려해지고 요리도 예술성을 띠게 되어 정식 향연요리에 이용되어 지금까지 전해 내려오고 있다.

그러나 요즘은 격식을 차려야 할 중대한 연회나 혼례요리 외에는 별로 이용하지 않는 형식이다. 회석會席요리는 혼젠요리가 기본이면서 간편하고 즐겁게 식사할 수 있는 연회요리이다.

식단의 기본은 한 가지 국에 세 가지 야채란 뜻의 일즙삼채一汁三菜, 이즙오채二汁五菜, 삼즙칠채三汁七菜 등이 있으나 일즙오채, 이즙칠채, 삼즙구채, 삼즙십일채 등으로 변화된 것도 있다.

밥상이란 뜻의 젠膳의 수는 단의 즙과 채의 수에 따라 결정된다.

혼젠요리로서 각 상에 오르는 요리는 다음과 같다.

- 혼젠本膳

  된장국, 밥, 일본김치, 초생채, 나물 및 채소조림 등이 상에 오른다.

- 니젠二膳

  맑은 국, 다섯 가지를 배합한 조림, 나물무침 등이 상에 오른다.

• 산젠三膳

된장국 또는 생선으로 만든 국, 생선회, 어패류, 닭고기, 채소 등을 재료별로 조려서 그릇에 모양을 내어 담은 것이 상에 오른다.

• 요젠與膳

도미의 통구이 등이 상에 오른다.

• 고젠五膳

손님이 집에 가지고 갈 수 있는 요리 등이 상에 오른다.

2) 가이세끼요리(會席料理)

연회석에서 차리는 가이세끼요리이다. 일본인들이 거의 일상적으로 접할 기회가 많다고 하는데, 오늘날의 일본요리 형태라고 말할 수 있다. 그러나 최근엔 요리 가운데에도 본선요리 형식의 흐름을 이은 것과, 회석요리 흐름을 이은 것이 구별되고 있다.

일반적으로 말해서 전자는 대중음식점에서 쓰는 다리 달린 밥상에 요리가 처음부터 차려져서 나오는 것이고, 후자는 고급식당에서 쓰는 오시끼라고 하는 네모난 쟁반에 차례로 요리를 내는 것이다. 회석요리의 정신을 계승한 점은 여러 요리를 한꺼번에 내놓는 것이 아니라 손님이 먹는 속도를 헤아려서 한 가지씩 내놓는 것이다. 그 이유는 따뜻한 것은 따뜻할 때, 차가운 것은 차가울 때 들게 함으로써 가장 맛있을 때에 먹게 한다는 것이다. 그리고 먹을 수 있을 만큼씩 나오는 요리 즉, 다 먹게 되는 요리이다. 이것은 간사이시끼 또는 간사이후우라고 불리는 요리 형식인데, 이 형식이 오늘날 일본요리의 일반적인 형식이라 할 수 있다. 맛에 있어서는 전체적으로 엷은 맛이고 재료가 가진 본래의 맛을 살리는 요리 방법이다. 이것이 일본요리에 있어서의 가장 자랑할 만한 특색이라고 할 수 있다. 따라서 먹는 사람도 그 요리에 담긴 정성을 생각하여 음식이 나오면 가능한 한 빨리 먹도록 한다.

프랑스요리에는 와인이 어울리듯이, 일본요리에는 역시 일본술이 가장 잘 어울린다. 일본술이 요리의 맛을 한층 좋게 해주므로 조금은 마시는 편이 좋다. 술을 마시지 못한다 해서 주스나 콜라를 마시면 요리의 맛이 나지 않아 별로 좋지 않다. 오히려 오차를 먹는 편이 좋다.

요리 구성으로 보면 가장 간단한 것은 삼채부터 시작하고, 오채가 되면 일즙은 삼즙이 되며, 칠채 · 구채 · 십일채 등의 홀수로 증가된다. 밥은 채의 가짓수에 포함되지 않는다.

회석요리는 육류를 전혀 사용하지 않았지만, 점차로 연회를 주로 하는 회석요리로 발전해 가는 과정에서 육류 및 모든 식재료를 사용하게끔 되었다.

3) 차가이세끼요리(茶懷石料理)

차가이세끼요리는 일명 가이세끼요리라고도 하는데, 다도에 나온 요리로서 차를 들기 전에 내는 요리를 말하며 아주 간단하고 양이 적지만 요리하는 과정에서는 매우 까다롭다. 회석懷石이라는 말은 불교 선종에서 수행중의 승려들이 아침과 오후 두 번밖에 식사를 하지 못하게 되어 있었기 때문에 추운 밤이면 빈속으로 잠을 이룰 수가 없어 불에 달군 돌을 회중懷中 즉, 품에 품고 빈속을 견뎌냈다는 데서 유래되었다. 그리고 현대에는 다도의 정식 초대에는 반드시 회석요리가 나오며, 다도의 취지에 따라 아침 · 낮 · 밤 그리고 계절에 따라서 메뉴가 변한다. 회석요리 후에는 질거나 엷은 가루차를 드는 것이 원칙으로 되어 있다.

본선요리가 처음부터 요리를 전부 상에 늘어놓는 데 비해 회석요리는 한 가지씩 나오므로, 손님은 맛이 변하지 않는 동안에 먹을 수 있는 합리성이 있으며 연회에도 이런 형태를 취하는 일이 많다.

차가이세끼요리는 처음에는 검소한 식물성 요리였으나, 시대가 흐름에 따라 생선도 이용되는 호화스런 요리로 변하였다.

차가이세끼요리는 일즙삼채가 보통이며, 밥 · 국 · 회종류 · 조림 · 구이 등으로 구성된다. 그러나 약식으로 일즙이채도 있으며 이 경우에는 구이가 생략되고, 일즙일채인 경우엔 조림과 구이가 생략된다. 차가이세끼요리는 양보다 질을 중요시하며 재료 자체의 자연의 맛을 최대한 살린 것이 특징이다.

4) 쇼진요리(精進料理)

정진요리는 다도가 보급되는 전후에 서민에게 전달되었다. 불교가 전래됨에 따라 중국의 불교승이 일본에 귀화하는 일이 많아지자, 비린 냄새가 나는 생선과 수조육을 전혀 사용하지 않는 정진요리가 점차 보급되었다.

쇼진요리란 유정(有情: 동물)을 피하며, 무정(無情: 식물)인 채소류 · 곡류 · 두류를 이용해서 만들었다는 뜻으로서 미식美食 즉, 맛있는 음식을 피하고 조식粗食 즉 검소한 음식을 먹는 것을 의미한다. 불교 선종에서 육식을 금하는 것이 원칙으로 되어 있으며 식단은 쇼진요리로서 일즙삼채, 일즙오채, 이즙오채, 삼즙칠채 등의 기본에 따라 구성된다. 쇼진精進이란 용어는 식물성 재료만으로 만들어진 국 또는 튀김이라는 뜻으로 사용되고 있다.

5) 후까요리(普茶料理)

보채요리普茶料理는 오오바쿠요리라고도 불리며, 황벽산 안복사의 법사였던 스님이 중국에서 찾아오는 선종승을 대접할 때 정진요리를 조리했던 것으로서, 음식명도 중국식 명칭을 딴 것이 아직도 잔존하고 있다.

6) 기타

항구인 나가사끼에서 외국인이나 선원에게 판매하기 위해 시작된 외국풍의 싯포쿠요리(탁복요리卓袱料理, 벤또(辨當: 도시락) 형식의 요리, 돈부리(덮밥) 형식의 요리 등이 있다.

4. 지역에 따른 분류

1) 간또오요리(關東料理)

관동요리關東料理는 무가武家 및 사회적 지위가 높은 사람들에게 제공하기 위한 의례요리儀禮料理로서 맛이 진하고 달고 짠 것이 특징이다. 당시에는 설탕을 맛이 좋다는 뜻으로 우아미라고 할 만큼 귀했는데, 설탕을 많이 사용했다는 것은 관동요리가 그만큼 고급요리였다는 것을 보여준다. 또한 관동지방은 외해外海에 인접해 있어 단단하고 살이 많은 양질의 생선이 풍부했으나 내해內海에서 잡히는 생선은 극히 부족하였으므로 외해에서 잡히는 생선에 맞는 요리가 성행하였다. 한편 토양과 수질 등이 관서지방에 비해 거칠었기 때문에 간사이요리關西料理가 부드러운 맛을 창출한 것에 비해 간또오요리關東料理는 농후한 맛을 이룩하게 되었다. 그러나 최근에는 교통의 발달 및 문화의 교류에 의해 간또오요리와 간사이 요리의 특색과 구별이 서서히 무너지고 있는 실정이다.

2) 간사이요리(關西料理)

관서요리關西料理라는 말은 최근에 사용하기 시작한 말로서 그 이전에는 가미가타요리(上方 : 쿄오또부근의 지방)라고 하였다. 간사이요리는 간또오요리에 비해 맛이 엷고 부드러우며, 비교적 설탕을 사용하지 않고 재료 자체의 맛을 살리면서 조리하는 것이 특징이다. 따라서 간사이요리는 재료의 외양과 색깔이 거의 유지되기 때문에 모양이 아름답다.

간사이요리의 대표적인 것으로 교오또요리와 오오사까요리가 있는데 교오또요리는 공가(公家 : 관가에 출사하는 집안)의 요리로서 양질의 두부, 야채, 밀기울, 말린 청어, 대구포 등을 이용한 요리가 많다. 오오사까 요리는 상가商家의 요리로서 양질의 생선, 조개류을 이용한 요리가 많다.

최근의 간사이 요리는 거의가 약식이며 회석요리會席料理가 중심이 되고 있다.

5. 조리 방법에 따른 분류

① 생선회 : 활어회, 흰살 생선회, 참치회 등

② 맑은국 : 계란 맑은국, 흰된장국, 닭 다시 맑은 국

③ 절임류 : 배추 절임, 오싱꼬, 우메보시

④ 구이요리 : 소금구이, 데리야끼

⑤ 조림요리 : 생선 아라다끼, 쇠고기 데리니, 야채조림

⑥ 튀김요리 : 차새우튀김, 흰살생선튀김, 야채튀김, 쇠고기 덴뿌라, 닭고기 튀김

⑦ 찜요리 : 생선 술찜, 닭고기 술찜, 전복 술찜

⑧ 무침요리 : 아채 시라아에, 이가모미지아에

⑨ 초회 : 새우초회, 게초회, 문어초회

⑩ 냄비요리 : 복지리 냄비, 도미지리 냄비, 샤브샤브, 냄비우동, 스끼야끼

⑪ 면류 : 데이지 우동, 가쓰오 우동

⑫ 덮밥류 : 닭고기 덮밥, 돈가스 덮밥, 튀김 덮밥

⑬ 밥 : 밤밥, 죽순밥, 굴밥, 천연송이밥

⑭ 오차쓰게 : 도미차쓰게, 김쓰게

⑮ 초밥 : 김초밥, 생선초밥, 상자초밥

6. 일본요리 서비스 방법

- 물수건은 고객 앞에서 인사한 후 고객의 오른쪽에서 낸다.
- 사시미와 모듬 요리가 2인분 이상일 경우에는 앞접시를 언제나 곁들인다.
- 샤브샤브나 스끼야끼 등 냄비요리를 치울 때에는 냄비 안에 작은 그릇을 담지 말고 트레이로 작은 그릇부터 차례로 치운 후에, 냄비는 냄비대로 별도로 치운다.

- 냄비요리를 낼 때에는 냄비요리를 끓이는 시간이 소요되기 때문에 고객과 대화를 나누는 편이 좋다.
- 가이세끼요리의 경우 요리에 대한 설명을 할 수 있도록 충분한 지식을 갖추도록 한다.

7. Room Service(다다미방 서비스)

- 고객이 방안에 들어가면 구두를 가지런히 한다.
- 문을 열고 닫을 때에는 무릎을 꿇고 앉아 양손으로 문을 열고 닫는다.
- 문을 열 때에는 처음 윗부분을 열고 난 후 양손으로 아랫부분을 연다. 닫을 때에도 마찬가지이다.
- 방문은 약 10~15cm 정도 열어놓고 밖에서 대기자세를 하면서 고객의 상황을 살핀다.
- 고객이 방안의 벨을 사용하기 전에 필요한 것이 없는가를 먼저 살핀다.
- 고객에게서 항상 시선을 떼지 말고 서비스에 최선을 다한다.
- 서브하고 나올 때에는 뒷모습이 보이지 않도록 한다.
- 방안에서는 항상 트레이를 사용한다.
- 음식과 그릇이 고객 머리 위로 가지 않도록 한다.
- 빈 그릇이 많이 있을 경우에는 트레이를 두 개 갖다 놓고, 한 트레이는 치워 사이드 테이블 위에다 놓고, 다른 트레이를 사용하여 나머지를 치운다.
- 그릇을 들 때에는 입을 대지 않는 한쪽 가장자리를 잡는다.
- 방에 들어갈 때나 나올 때에는 항상 정중하게 목례를 하고 서비스에 임하도록 한다.

8. 오차 서비스

• 물수건을 먼저 내고 음료주문을 받은 뒤, 음료가 끝나면 추가 주문을 받고, 추가 주문이 없을 경우 오차를 서비스한다.

고객의 기호에 따라 오차를 먼저 제공해도 상관없다.

• 오차 컵을 테이블에 놓을 때 소리가 나지 않도록 조심스럽게 내려놓고, 고객 앞으로 조용히 밀어 제공한다.

• 조식에는 처음부터 오차를 서비스하는 것이 일반적이다.

• 오차를 추가로 서비스할 경우에는 빈 용기를 트레이에 받쳐 들고 다니면서 남아있는 오차는 그 용기에 버리고, 뜨거운 것을 서비스한다.

• 고객이 뜨거운 오차를 싫어할 경우에는 남은 오차에 그대로 서비스한다.

• 식후에 과일을 낼 때에는 먼저 있던 오차를 치우고, 새로운 물수건과 오차를 서비스한다.

9. 냄비요리 서비스 방법

• 냄비요리(복냄비, 도미요리, 샤부샤부, 모듬냄비)의 재료는 인원수에 맞게 조리해서 고객에게 덜어 주거나, 직접 냄비에서 먹는 것을 원할 때에는 고객취향에 맞게 제공한다.

(냄비요리는 끓는 것을 보면서 본인이 먹고 싶을 때 마음대로 떠먹는 즐거움이 있다.)

• 샤부샤부, 스끼야끼, 복지리 등 냄비요리가 1인분일 때에는 접시의 고기가 고객 앞으로 놓이도록 한다.

또 2인분 이상일 때에는 주방에서 준비해준 요리의 내용물이 고객 앞으로 오도록 하며, 그릇과 뚜껑의 무늬도 맞추어 덮는다.

- 냄비요리를 조리할 때 다시가 적으면 냄비 안에 있는 야채와 고기 등의 요리를 모두 건져 고객에게 서비스하고, 다시를 더 추가로 부어서 조리한다.
- 냄비요리는 처음부터 끝날 때까지 테이블 옆에서 조리해야 한다.
- 냄비요리를 방에서 서비스할 때, 먼저 전열기를 열어서 준비한 후 주방에서 냄비를 가지고 방에 들어가서 즉시 전열기를 위에 올려놓는다.

(냄비를 다다미 위에 놓아서는 절대 안 된다.)

10. 일식 서비스 Key Point

1) 고객 입장

고객이 식당에 들어오면 정성스럽게 인사한다.
일식당의 경우 room일 경우 room 앞에서 정성스럽게 인사한다.
일식당의 경우 맛도 중요하지만 시각적인 면을 중요시하는 경향이 있으므로, 청결한 영업장의 모습을 갖춰야 한다.

Key Point

- 고객이 사전에 예약을 하셨는지 여부를 확인한다.
- 예약한 Room이나 Table로 정확히 안내한다.

♥ 다른 고객에게 방해되지 않도록 조용히 안내한다.

♥ 일식당의 경우 예약을 하는 경우가 많으므로, 반드시 예약 사항을 꼼꼼히 확인해야 한다.

2) 예약 장소 안내

예약자 성함과 예약모임을 정확히 확인한 후 room으로 안내한다.
먼저 도착하신 고객분께 다른 고객의 입장을 알리고, 조용히 문을 열어드린다.

Key Point

♥ 고객이 입장하시면 신발을 정리해둔다.

♥ 가능하면 제일 상석의 고객 구두는 암기한 후 고객이 퇴실하실 때 중앙에 비치하도록 한다.

♥ 다다미방이나, 룸으로 이루어진 경우가 많으므로, 예약자분이나 모임의 형태를 정확히 파악하여, 다른 룸으로 안내하는 불상사가 일어나지 않도록 주의한다.

♥ 고급 일식당의 경우 손님 취향에 따라 메뉴를 작성해 미리 준비하므로, 예약 확인 전화를 2~3일 전에 다시 한번 해둔다.

♥ 대부분 일식당의 경우 조용한 장소가 많으므로, 아이를 동반한 고객일 경우 안쪽에 위치한 룸으로 안내해 다른 고객에게 방해가 되지 않도록 배려한다.

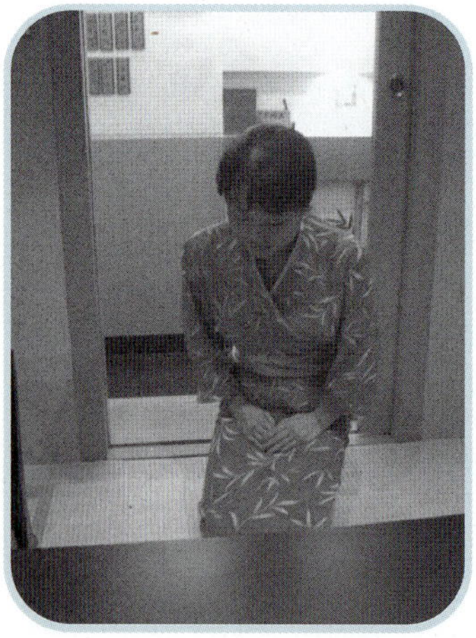

3) 주문 서비스

영업장의 구조가 room으로 이루어진 경우, 고객이 모두 입실하면 room에 들어가 정중히 인사한다.
"Room의 서비스 담당 ooo입니다."라고 안내한다.
대화에 방해가 되지 않는 위치에서 주문을 도와드린다.

Key Point

- 문을 열고 닫을 때에는 무릎을 꿇고 앉아 양손으로 문을 열고 닫는다.
- 모임의 성격에 맞게 주문 서비스를 도와드린다.
- 너무 한꺼번에 많은 주문을 받지 않는다.
- 메뉴에 적절한 음료 주문도 추천한다.
- 담백한 요리가 많은 일식 요리에 자극적인 와인이나 술을 권하는 것은 좋지 않으므로, 음식과 잘 어울리는 음료를 알아두는 것도 좋다.

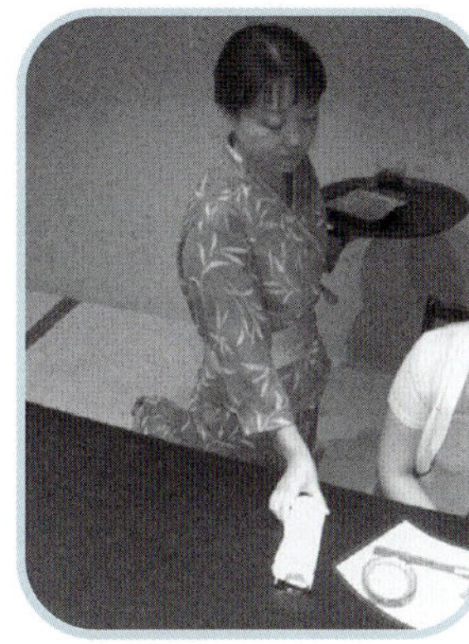

4) 물수건 서비스

주문이 끝나면 물수건을 준비해 드린다.
물수건은 고객 앞에서 인사한 후 고객의 오른쪽에서 낸다.
물수건의 서비스는 음식점마다 다르므로 음식점의 방침에 따른다.
계절에 맞는 물수건을 제공하는 것도 좋다.

Key Point

- 비닐봉지에 넣은 채 서비스하거나, 받침대에 올려서 서비스한다.
- 식사 제공 시 한꺼번에 서비스되지 않도록 주의한다.
- 일식의 경우 날생선을 먹는 경우가 많으므로, 물수건을 자주 갈아드리는 것이 좋다.

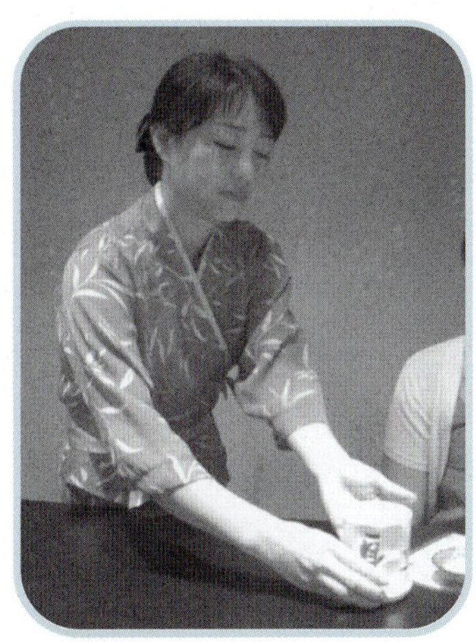

5) 오차 서비스

물수건을 먼저 내고 음료주문을 받은 뒤, 음료가 끝나면 추가 주문을 받고, 추가 주문이 없을 경우 오차를 서비스한다.
고객의 기호에 따라 오차를 먼저 제공해도 상관없다.

Key Point

- 오차 컵을 테이블에 놓을 때 소리가 나지 않도록 조심스럽게 내려놓고, 오차 받침을 이용해 고객 앞으로 조용히 밀어 제공한다.
- 조식에는 처음부터 오차를 서비스한다.
- 식사 중간이라도 차가 부족하신 고객에게는 자주 서비스 해드린다.

6) 음료 서비스

주문받은 음료를 제공한다.
음료에 맞는 글라스와 기타 서비스 품목을 준비해 드린다.
(와인잔, 얼음 바스켓, 얼음집게 등)
일식요리와 어울리는 음료를 주문받아 서비스 해드린다.
계절별로 차게 또는 따뜻하게 제공하는 정종도 좋은 음료가 될 수 있다.

Key Point

- 맥주나 정종을 주문하신 고객 중 서비스를 원하실 경우 상석의 고객에게 따라드린다.
- 찬 음료는 차게, 더운 음료는 뜨겁게 서비스한다.
- 일본인인 경우 처음 시작은 맥주로 하는 경우가 대부분이므로, 주문받을 때 이 점을 감안하여 주문을 받도록 한다.
- 일본인은 술잔에 술이 남아있을 때 따라주는 것이 예의이므로, 서비스 시 이 점을 고려한다.
- 술을 서비스해야 할 경우 술병은 오른손으로 잡고 따라 드린다.

7) 간장 서비스

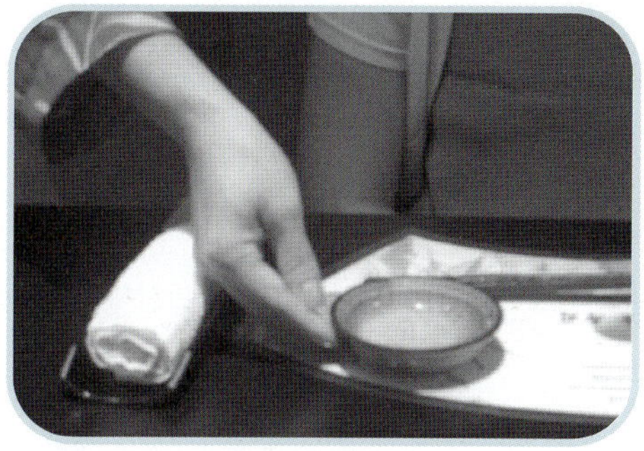

일식의 경우 간장종지를 서비스한 후 간장을 서비스해 드린다.
메뉴가 사시미인지 초밥인지 구별하여 간장종지를 세팅해 드린다.
간혹 일본인의 경우 와사비와 간장을 본국의 것으로 직접 준비해 오는 경우가 있는데 이 경우에는 종지만 세팅해 드린다.

Key Point

- 미리 담아서 서비스할 경우 간장이 흐르지 않도록 조심한다.
- 종지가 작아서 서비스 시 손가락이 종지 안으로 들어가지 않도록 주의한다.
- 간장병은 서비스 전에 반드시 체크하여 간장이 말라서 입구를 막는다든지 지저분한 이물질이 끼어 있지 않도록 각별히 주의한다.

8) 음식 서비스

Room 안에서의 서비스 시 항상 트레이를 사용한다. 음식과 트레이가 고객 머리 위로 가지 않도록 주의한다.
대부분의 일식 룸이 크지 않은 관계로 큰 행동이나 쿵쿵거리는 발소리가 나지 않도록 각별히 주의하여 서비스한다.
식사와 장국은 한국과 마찬가지로 밥그릇이 왼쪽, 국그릇이 오른쪽으로 오게 서비스한다. 밥그릇과 국그릇에 뚜껑이 있는 기물이 대부분인데, 서비스 도중, 고객이 뚜껑을 열어 옆에 둔 것을 걷어 나오지 않는다. 일본인들은 식사가 끝나면 뚜껑을 덮어놓는 경우가 많기 때문이다.

Key Point

- 서비스하는 음식에 대하여 간단하게 설명한다.
- 맛있게 드시는 방법을 안내하는 것도 좋다.
- 생선회는 간장에 와사비를 풀어먹는 것이 아니라, 생선회에 와사비를 발라 간장을 찍어먹는다. 와사비와 회 그리고 간장을 각각 맛보기 위해서이다.
- 고객에게서 항상 시선을 떼지 않고 서비스에 최선을 다한다.
- 그릇을 들 때 항상 입을 대지 않는 한쪽 가장자리를 잡는다.

9) 요리 서비스

여러 명이 드시는 요리는 가운데에 놓아 드린다.

주문하신 수량과 함께 요리명을 안내해 드린다.

생선구이는 접시의 왼쪽부터 먹기 시작하므로 상석의 고객 위치에서 왼쪽으로 오게 서비스되어야 한다.

윗부분의 살을 떼어내면서 중앙의 뼈가 나올 때까지 먹으므로 이에 맞게 서비스한다.

뼈가 있는 생선을 제공할 경우에는 반드시 뼈를 발라 버릴 수 있는 뼈 사라를 같이 제공한다.

Key Point

- 상석의 위치에서 가장 보기 좋게 서비스 해드린다.
- 요리에 필요한 소스나 반찬이 제대로 갖춰져 있는지 확인한다.
- 두세 가지 요리가 나올 경우 담백한 요리부터 서비스하는 것이 원칙이다.
- 일식은 기물의 종류와 그 쓰임새가 무척 다양하므로, 음식과 기물을 잘 맞춰서 서비스해야 한다.
- 부족한 소스류나 찬류는 요리 서비스 후 즉시 서비스 해드린다.

10) 앞접시 서비스

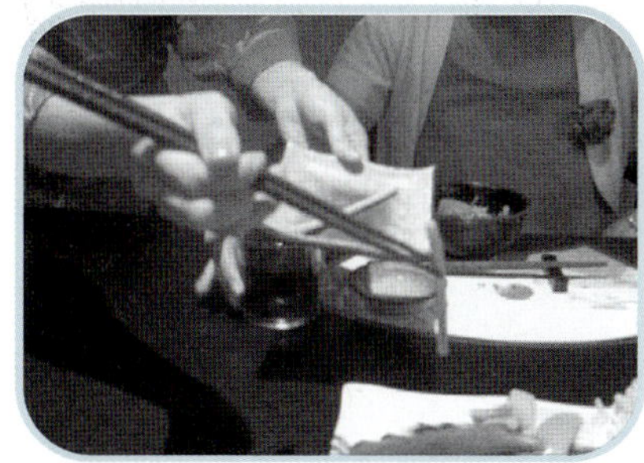

모듬요리나 사시미인 경우 2인 이상일 경우에는 반드시 앞접시를 준비해 드린다.
중식과 양식도 마찬가지겠지만, 일식의 경우 본인의 앞접시에 음식을 조금씩 덜어 먹는 것이 예의이므로, 앞접시를 자주 바꾸어 서비스 해드린다.

Key Point

- 떠먹기 불편해 하는 고객은 여분의 젓가락으로 서비스해 드린다.
- 요리에 필요한 소스나 찬이 제대로 갖춰져 있는지 확인한다.
- 부족한 소스류나 찬류는 요리 서비스 후 즉시 서비스 해드린다.
- 지저분한 앞접시는 메뉴가 바뀔 때마다 교체해 드린다.
- 일본 식당에서는 간혹 국수 삶은 물을 손님에게 제공하기도 하므로, 고객이 이런 요청이 있을 경우에는 준비해 드리도록 한다.
- 일본인들은 국수를 삶은 물과 국수를 찍어 먹던 다시마 국물과 섞어 차나 음료를 대신해 마시는 경우도 있으니 알아두어야 한다.

11) 추가 서비스

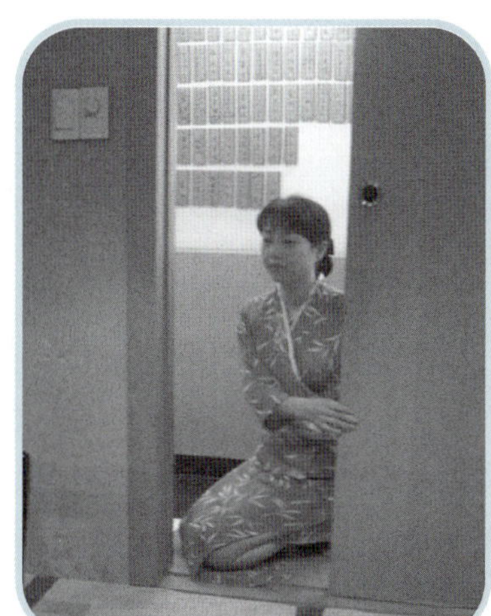

마지막 서비스가 끝나고 고객의 식사 속도에 맞춰 추가 주문 여부를 확인한다. 방문은 약 10~15cm 정도 열어놓고 밖에서 대기자세를 하면서 고객의 상황을 살핀다.
대부분 추가 서비스나 추가 주문이 잘 이루어지지 않는 이유는 식사 서비스가 끝나면 모두 끝났다 생각하고 적극적인 응대를 하지 않았기 때문이다. 식사가 모두 끝났다 하여도, 고객에게 부족한 것이 없으신지 수시로 살펴서 추가 서비스를 해드리도록 한다.

Key Point

- 고객이 방안의 벨을 사용하기 전에 필요한 것이 없는가를 먼저 살핀다.
- 확인하고 나올 때에는 뒷모습이 보이지 않도록 한다.
- 추가 주문이나 추가 서비스 시 퇴실을 강요하는 듯한 태도를 보여서는 안 된다.
- 테이블에 빈 그릇이 많을 경우에는 트레이를 두 개 갖다 놓고, 한 트레이는 치워 사이드 테이블 위에다 놓고 다른 트레이를 사용하여 나머지를 치운다.

12) 신발 정리 서비스

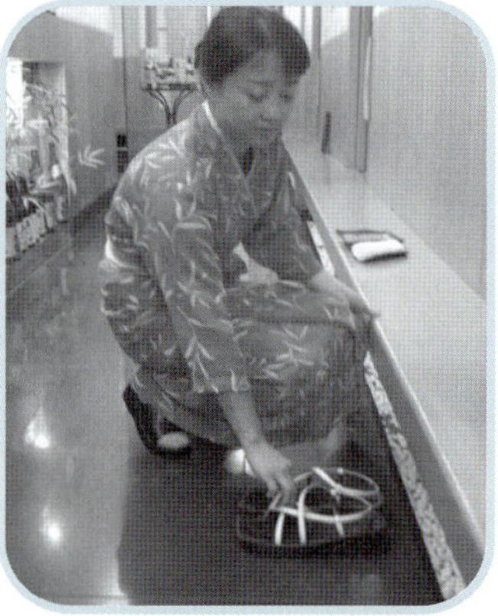

식사가 모두 끝난 것을 확인한 후 신발 정리를 해드린다.
구두주걱을 준비해 둔다.
고객이 들어가시기 전에 고객의 서열이나 직급을 기억해 두어, 상석의 고객 신발을 중앙에 위치해 두도록 한다.

Key Point

- 들어가실 때 기억해 두었던 상석의 신발을 정중앙에 준비한다.
- 우천 시 고객의 구두에 물기가 많다면 닦아드린다.

13) 환송 서비스

고객이 식사를 마치고 나오시면 다시 한번 불편하신 점이 없었는지 확인한다.
일식당의 경우 room을 이용한 고객일 경우 room 앞에서 대기하고 있다가 정성스럽게 인사한다.

Key Point

- 주차 서비스를 받으신 고객은 차량 준비 여부를 확인해 드린다.

♥ 불편하신 점은 없었는지 다시 한번 확인한다.
♥ 영수증 서비스나 기타 추가 서비스에도 세심한 배려를 아끼지 않는다.
♥ 맡기신 물건이나 잊으신 물건이 없는지 확인해 드린다.

14) 카운터 서비스

카운터 서비스는 고객이 조리과정을 직접 볼 수 있도록 주방을 개방했으므로 위생 관리에 철저해야 한다.
즉석요리를 원하시는 고객이 앉는 자리이므로, 조리사는 고객에 대한 예의를 더욱 갖춰야 한다.

Key Point

♥ 조리 과정을 고객이 직접 보실 수 있기 때문에 불평이 적다
♥ 고객이 원하는 요리를 직접 만들어 서비스 해드리므로 신속하다.
♥ 많은 인원이 필요 없으나 조리사의 역할이 크다.

15) 카운터 인사 서비스

담당 서버들이 고객을 카운터로 모시고 가면 조리사는 정중히 인사한다.
예약 고객일 경우 사전에 숙지하여 직함이나 성함을 불러드리는 것도 좋다.

Key Point

♥ 진열되어 있는 식자재들은 최고의 상태로 비치한다.
♥ 조리사는 고객이 즐거운 식사가 될 수 있다는 느낌이 들도록 친절하게 인사한다.

16) 카운터 자리 안내 서비스

담당 서버는 고객이 카운터 자리에 앉으실 수 있도록 의자 서비스를 해드린다.

Key Point

- 예약 손님이 많을 경우 남녀의 자리 배치를 신중히 하여 불편함이 없도록 안내한다.
- 카운터 의자에 큰 가방이나 소지품을 놓기 불편하므로 클로크룸(Cloak Room)에 귀중품을 보관해 드린다.

17) 카운터 접객 서비스

고객이 자리에 앉으시면 홀의 서비스 요원은 물수건을 준비해 드린다. 사시미나 초밥을 드시는 고객이므로 음료 주문 외에도 오차 서비스를 바로 해드린다.

앞접시를 준비해서 조리사가 앞접시에 요리를 놓아드릴 수 있도록 한다.

지저분해진 앞접시는 수시로 교체해 드린다.

Key Point

- 물수건 서비스 시 음료 주문도 함께 받는다.
- 따뜻한 오차의 경우 식기 전에 자주 오차를 바꾸어 드린다.
- 오차의 가장 적정한 온도로 서비스한다.
- 필요한 소스나 요리가 더 있는지 수시로 확인한다.

18) 카운터 요리 서비스

카운터 서비스에서 대부분의 요리는 조리사가 직접 해드리지만 간단한 샐러드나 애피타이저는 홀서버가 준비해 드린다.
곁들이는 생야채는 신선한 재료로 그날 그날 제공할 수 있게 한다.
생야채와 소스는 식사 전 미리 준비해 드린다.

Key Point

- 고객이 드시기 편안한 위치에 서비스해 드린다.
- 카운터의 장소가 협소한 곳은 옆에 앉은 고객에게 방해가 되지 않도록 서비스한다.
- 2인 한 접시 또는 개인접시에 담아서 서비스한다.

제2절 일식 테이블 세팅(Table setting)

■ **일식 기본세팅**

① 하시(はし) : 젓가락
② 하시오끼(はしおき) : 젓가락 받침
③ 내프킨(ナプキン) : 냅킨
④ 하이자라(はいざら) : 재털이
⑤ 쇼유병(しょうゆびん) : 간장병
⑥ 쯔마요지(つまようじ) : 이쑤시개

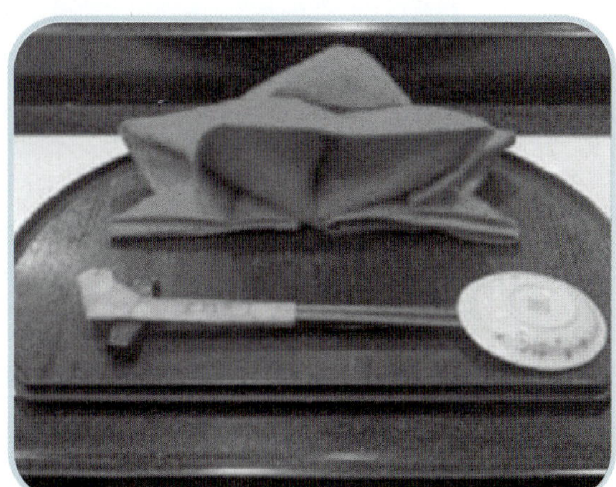

■ 조정식 세팅

■ 스시카운터 세팅

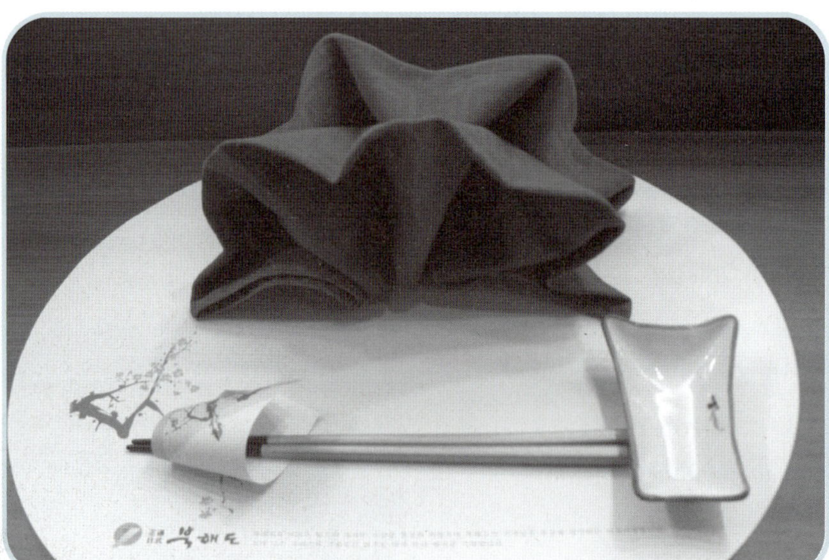

제11장

중식서비스 Key Point

제1절 중식(Chinese Restaurant) 서비스 실무

1. 중국요리의 개요

중국요리는 중국 대륙에서 발달한 요리의 총칭이다. 중국은 오랜 역사와 함께 넓은 영토와 영해에서 다양한 농축산물과 해산물을 얻을 수 있었고, 이들 식재료를 이용한 요리는 오랜 역사를 토대로 꾸준히 발전되어 현재는 세계적인 요리로 자리 잡게 되었다.

우리가 흔히 말하는 식당을 중국에서는 반점 혹은 주점이라고 한다. 그런데 우리의 식당은 가정에서 일상적으로 먹는 음식을 먹을 수 있지만, 중국의 반점은 가정에서 하는 요리를 취급하는 경우가 드물다. 요리의 이름도 반점마다 다르고, 요금도 천차만별이라는 점에서 우리의 식당과는 차이가 있다.

이처럼 독특한 중국요리는 세계 각국에서 그 나라의 사정에 맞도록 중국음식의 메뉴가 개발됐으며, 우리의 경우도 같다. 특히 요즘 중국요리에 대한 관심도가 높아지면서 다양한 형태의 중국음식을 맛볼 수 있는 음식점들이 속속 생겨나고 있어 중국의 역사와 문화를 느끼게 하는 다중역할을 수행하고 있다.

많은 외국인 관광객들과 내국인 이용객들이 중국음식을 선호하기 때문에 중식당의 시장은 계속 넓어질 전망이다.

2. 중국요리의 지역적 특징

1) 북경요리(北京料理)

일명 장차이京菜라고도 하며, 베이징北京을 중심으로 서쪽으로 타이완까지의 요리를 포함한다. 베이징은 수도로서 정치 · 경제 · 문화의 중심지였고 고급요리 문화를 이룩한 곳이며, 지리적으로는 북방이기 때문에 육류를 중심으로 강한 화력을 이용한 튀김요리(자차이 炸菜)와 볶음요리(차오차이 炒菜)가 특징이다. 북경요리의 대표적인 것은 오리통구이인 카오빠이징야쯔인데, 이 요리의 먹는 법이나 독특한 맛이 이 요리를 더 유명하게 하였다.

베이징은 광대한 화북평야의 농작물, 과물 등이 풍부하며 미엔, 안토우, 빵 등이 많다. 빵에는 꽃 향기를 넣어 만든 꽃빵이 유명하며 계절의 풍미를 느낄 수 있다.

2) 남경요리(南京料理)

중국 중부의 대표적인 요리로 난징南京, 상하이上海, 쑤저우蘇州, 양저우揚州 등지의 요리를 총칭한다. 중국 내륙의 젖줄인 양쯔강楊子江 하구에는 옛날부터 난징南京을 중심으로 풍부한 해산물과 미곡을 바탕으로 한 식생활이 발달하였다.

그러나 19세기부터 밀어닥치기 시작한 서유럽의 중국 대륙 잠식은 상하이上海에 조계租界를 다투어 설치하기에 이르렀고, 외세의 입김으로 결국 상하이는 중국 중부의 중심지가 되었다. 이 남경요리 중 구미풍으로 국제적인 발전을 이룩한 것을 상하이요리上海料理라 한다. 상하이는 따뜻한 기후와 농산물, 갖가지 해산물의 집산지로서 다양한 요리가 생겨나고, 특히 이 지방의 특산물인 장유醬油를 써서 만드는 요리가 독특하다.

상하이요리는 간장이나 설탕으로 달콤하게 맛을 내며 기름기가 많고 진한 것이 특징이기도 하다. 돼지고기에 진간장을 써서 만드는 홍사오러우紅燒肉가 유명하고, 한 마리의 생선을 가지고 머리에서 꼬리까지 요리하는 조리법과, 양념을 달리해서 맛을 내는 생선요리도 일품이다. 바다가재로 만드는 푸룽지엔시에芙蓉煎蟹, 두부로 만드는 스진 사꿔또우후什錦砂鍋豆腐와 꽃 모양의 빵인 화쥐안花券 등도 유명하다.

3) 광동요리(廣東料理)

중국 남부의 요리를 대표하는 광동요리는 광저우廣州 요리를 중심으로 푸저우福州 요리, 차오저우潮州 요리 등 지방요리 전체를 일컫는다. 광동요리를 흔히 난차이南菜라고 한다. 광저우廣州는 외국과의 교류가 빈번하여 16세기부터는 스페인, 포르투갈의 선교사와 상인들이 많이 왕래하였기 때문에 특이한 요리와 국제적인 요리관이 정착되어 독특한 특성을 이룩했다. 사람들은 일찍부터 이 매력 있는 식생활의 고장을 일컬어 식재광주(食在廣州 ; 먹는 것은 광저우에서)라고 칭찬했다.

남쪽의 더운 지방인 광저우廣州 요리는 재료가 가지고 있는 자연의 맛을 잘 살려내는 담백함이 특징인데, 서유럽 요리의 영향을 받아 쇠고기, 서양채소, 토마토케첩, 우스터소스 등 서양요리의 재료와 조미료를 받아들인 요리도 있다. 이러한 재료들은 전통요리의 맛에 변화를 가져온 것이 사실이었고, 그것을 소화하고 중국화하는 데에 능한 중국인들은 서유럽풍이 섞인 다채로운 맛의 요리로까지 발전시켰다.

4) 사천요리(四川料理)

중국 서방 양쯔강 상류의 산악지대 요리를 대표하는 쓰촨요리四川料理는 윈난雲南, 꾸에이조우貴州 지방 요리까지를 총칭한다.

쓰촨四川 지방은 바다가 멀고 더위와 추위가 심한 지방으로서, 예부터 악천후를 이겨내기 위해 향신료를 많이 쓴 요리가 발달해왔기 때문에 매운 요리와 마늘, 파, 고추를 사용하는 요리가 많다. 또한 오지이기 때문에 소금절이, 건물乾物등의 보존식품이 발달하여 채소를 이용한 짜차이搾菜 같은 특산물을 낳기도 했으며, 신맛과 매운맛 톡 쏘는 맛과 향기가 기본을 이루었다. 두부와 다진 고기를 이용한 마포또오후麻婆豆腐, 이슬람교도들의 양고기 요리인 양로우꿔쯔羊肉鍋子, 새우고추장 볶음인 깐사오밍시아乾燒明蝦 등이 유명하다. 사천요리는 일명 촨차이川菜라고도 한다.

3. 중국요리의 일반적 특징

■ 재료 선택이 자유롭고 광범위하다.

일반적인 식료품 거의 모든 것이 재료로 이용되고 있을 뿐 아니라, 제비집이나 상어지느러미 같은 특수식품도 일품요리의 재료로 이용되고 있을 만큼 재료의 종류가 다양하고 광범위하다.

■ 맛과 향이 다양하고 중요시된다.

오미를 복잡 미묘하게 배합하여 창출해내는 맛의 다양성은 세계적으로 유명하다. 오미, 즉 단맛 · 짠맛 · 신맛 · 매운맛 · 쓴맛의 배합이 발달되어 조화가 이루어짐을 백미향百味香이라고도 한다.

■ 조리기구가 간단하고 사용이 용이하다.

다양한 요리 종류에 비해 요리기구는 가짓수가 적고, 사용법도 간단하다. 후오꿔(火鍋 ; 중국냄비), 사꿔(砂鍋 ; 볶음, 튀김냄비), 도우사우(漏勺 ; 그물조리), 쩡릉(蒸籠 ; 찜통) 외에 식칼, 뒤집개, 국자 등이 조리기구의 전부라 할 만큼 기구는 간단하다.

■ 조리법과 그 과정이 다양하다.

기구는 간단하지만 조리법은 아주 다양하다.

예를 들면, 우리는 찌기 · 굽기 · 튀기기 · 지지기 · 데치기 · 삶기 등이 단 한번의 조리과정을 거치는 데 비해, 중국은 이상의 조리과정을 여러 번 거치는 것이 특징이다.

■ 기름을 합리적으로 많이 사용한다.

중국요리는 대부분 기름에 튀기거나 조리거나 볶거나 지진 것이라 기름이 많이 사용되며, 적은 재료로 많은 칼로리를 얻을 수 있어 합리적이다. 생식을 기피하는 중국요리는 고온의 기름에 튀기거나 조리고 볶아내기 때문에 오히려 비타민의 파괴가 적은 편이다.

■ 조미료와 향신료의 종류가 다양하다.

중국요리의 풍부한 맛은 많은 종류의 조미료와 향신료를 적절히 이용하기 때문이다.

■ 외양이 풍요롭고 화려하다.

중국요리는 몇 인분이라는 말이 없다.

한 그릇에다 요리 전부를 담아내어 덜어서 먹는다. 그러나 사람 수에 의해 요리의 양과 요리수를 조절하는 것이 원칙이며, 요리의 장식이 매우 아름답다.

제2절 중식 테이블 세팅과 메뉴

1. 중식 테이블 세팅

테이블 세팅table setting은 고객을 맞이할 수 있는 모든 제반 준비를 완료하는 단계를 말하며, 고객에게 편안함과 안락한 이미지를 부여함과 동시에 식사의 편의를 최대한 제공하기 위한 기본 준비 작업이다. 또한 종사원의 신속한 서비스를 위한 준비이기도 하다.

Bone Dish
Napkin
Condiment Dish
Chopstick
Serving Spoon
Tea Cup
Soup Spoon Holder
Soup Spoon
Ashtray
Chopstick Holder

Table Setting 전에 다음과 같은 사항을 잘 준비하고 점검한다.

- 테이블 및 의자가 흔들리는 것이 있는지 확인한다.
- 테이블 클로스는 잘 깔려 있는지, 더럽지 않은지 확인한다.
- 세팅에 필요한 기물이나 냅킨을 다시 한번 확인한다.
- 꽃병의 꽃이 시들지 않았는지 확인한다.
- 각종 소스병을 점검한다.
- 예약사항을 확인한다.

2. 중식 메뉴 구성 및 특징

중국요리의 메뉴 구성은 Cold dish(appetizer 용), Soup류, Main Dish로서 샥스핀shark's fin, 해삼류sea cucumber, 돈육류pork, 우육beef, 야채vegetables, 두부류bean curd, 잡품류 雜品類mixed food, 식사류rice & noodles, 감채류sweet cakes & candies, Desert의 순으로 되어 있다. 또한 이러한 수백 종의 다양한 일품요리는 각 나라별로 특징 있게 약간씩 변화되어 오고 있는 현실이다. 우리나라의 경우 요리의 온도, 자극의 정도(냄새, 맛), 부드러움의 강약 등을 고려하여 서비스 순서를 정하는 독창적인 방법을 개발 · 정착시키고 있는데, 양식의 서비스 방법과 순서와 대동소이하며 특히, Russian Service 방법이 애용되고 있다. 한편, 요리가 수백 종이 넘어 고객이 요리에 대한 일반적인 지식이 부족한 경우가 많아, 고객의 기호도와 선호도가 높은 요리를 품목별로 발췌하여 구성한 'Chef's Specialty' 요리가 널리 판매되어 매출 기여도가 높은 현실이며, 계절별로 특별히 산출되는 재료를 신선하게 요리한 계절 특별요리Seasonal Specialty가 함께 고객에게 판매되고 있다.

1) 정탁요리(定卓料理)

일명 상床 요리라고도 불리며 정식코스 메뉴로, 가격에 의하여 메뉴가 작성되며 2인 이상을 기준으로 한다. 고객의 기호에 따라 정탁메뉴가 짜여질 때는 사전 예약에 따라 더욱 신선한 재료가 구입된다.

예) 특별 냉채 Special Cold Dish
상어지느러미 찜 Shark's Fin with Mushroom
바다가재와 고추 소스 Lobster with chili Sauce
해삼과 새우알 및 송이버섯 Sea Cucumber and Shrimp with Pine Mushroom
게살 아스파라거스 및 가리비 Scallop and Asparagus with Crab Meat
쇠고기 안심 고추 볶음 Beef with Hot Sauce
북경식 오리 Peking Duck
기스면 Soup Noodle with Chicken
과일 Fresh Fruits

2) 일품요리(一品料理)

일품요리는 정탁요리처럼 순서에 따라 먹는 것이 아니고 식성과 양을 자유로이 선택해서 먹을 수 있는 요리이다. 다음과 같은 종류가 있다.

① 냉채류冷盆類
② 제비집燕窩과 상어지느러미 魚翅類
③ 해삼海蔘, 전복鮑魚, 새우 류蝦類
④ 오리고기燒鴨, 닭고기 류鷄類
⑤ 쇠고기牛肉, 돼지고기 류 豚肉類
⑥ 야채野菜, 두부豆腐, 잡품 류雜品類
⑦ 수프류湯類

⑧ 식사飯, 면류麵類

⑨ 감채류甘菜類

3) 특선요리(特選料理)

요리재료의 특성에 따라 구성되는 차림표이며, 고객의 특별한 주문에 의하여 만들어지는 요리이다. 이 특선요리는 일반적으로 3일전에 별도로 주문하여야 한다.

① 곰발바닥金絲熊掌

② 사슴꼬리찜紅燒鹿尾

③ 자라요리紅燒甲魚

4) 메뉴 설명

■ 냉반冷盤

보통 2가지 이상의 재료를 사용하여 만드는 것은 냉반冷盤이라 한다. 본 요리를 더욱 맛있게 먹을 수 있도록 하기 위해서 고객에게 가장 먼저 제공되며, 이때 모양과 맛에 조화가 있어야 하고 고객의 식욕을 돋울 수 있게 조리한다. 새鳥 · 용龍 · 산수山水 모양의 여러 종류가 있으며, 냉반冷盤류의 재료로는 전복 · 새우 · 해파리 · 쇠고기 · 오리알 · 오리고기 등이 있다.

■ 제비집燕窩

제비집은 보르네오 북해안과 수마트라 서해안, 자바 남북해안에 서식하고 있는 제비의 둥지를 수집해서 말린 것이다. 제비집의 주성분은 해초 성분과 같은데, 바다제비가 해초를 물어다 타액을 발라 둥지를 튼 것이다.

제비는 뱀이나 맹조류의 침해를 피하기 위해 높은 절벽에다 둥지를 틀기 때문에 제비집을 채취하는 데는 많은 어려움이 있다. 따라서 가격도 매우 높아 중국의 일류 식당에서도 제비집류는 최고의 요리이다. 제비집은 그 자체에 맛이 있는 것이 아니고 조리할 때 사용하는 육수와 조미료에 의하여 맛이 좌우되며, 품질에 따라 4가지 등급으로 나뉜다.

- 관연官燕 : 색이 희고 이물질이 전혀 섞이지 않은 것이 최고품이며, 모양에 따라 용아龍牙, 연찬燕纂이라고도 불린다.
- 모연毛燕 : 일명 회연灰燕이라고 하며, 회색빛을 띠고 제비털과 이물질이 섞인 중급품이다.
- 연사燕絲 : 형태가 흐트러지고 이물질이 많이 섞인 하급품이다.
- 전사연全絲燕 : 셀레베스와 자바 지방에서 채취되고 있다. 근래에는 홍콩에서 이러한 제비둥지를 모아 건조시킨 후 정제하여 수출하고 있다.

■ 위츠魚翅

상어지느러미 말린 것으로 중국요리 가운데서 매우 소중하게 여겨지는 재료의 하나이다.

주요 산지는 아프리카 · 인도 · 일본 등이 손꼽히며, 산지에 따라 각각 특색이 있고 종류도 매우 많다. 최고의 상품은 아프리카 산으로 보통 것보다 지느러미가 매끄럽고 부드러울 뿐 아니라 굵어서 값진 것으로 꼽힌다. 형태와 부위는 다음과 같다.

- 췐츠全翅 : 지느러미를 원형 상태로 말린 것
- 싼츠散翅 : 껍질을 벗기고 지느러미의 섬유질을 찢어 말린 것
- 패이츠(排翅 ; 등심) : 최고급품으로 맛이 가장 좋은 부분이다.
- 웨이츠(尾翅 ; 꼬리) : 이등품에 속하는 것으로, 사용할 수 있는 부분이 많다.
- 쑹츠(胸翅 ; 가슴) : 품질이 좋지 않으며 형태가 흐트러져 있다.

■ 하이싼海蔘

일명 진하이싼全海蔘라고 하며, 영양가가 높아 바다의 인삼이라고 불린다.

빛깔이 검고 흠이 없이 가시가 고루 퍼진 것을 최상품으로 친다.

■ 간베이乾貝

패주(조개기둥)를 말린 것이다.

■ 다하이미大海米

껍질을 벗겨서 말린 새우를 말하는데, 시아깐 또는 하이미라고도 한다.

■ 샤쓰蝦子

새우의 알을 말린 것이다.

■ 왕유 網油

돼지의 내장을 둘러싸고 있는 그물망 기름을 말한다.

■ 간바오 乾鮑

전복을 말린 것인데, 표면에 흰 가루가 솟아있는 것을 최상품으로 친다.

■ 하이저피 海蜇皮

해파리를 소금과 백반에 절인 것이다.

■ 샤빙 蝦餅

으깬 새우의 살을 쌀가루와 섞어 막대기 모양으로 만들어서 찐 다음 얄팍하게 썰어 말린 것으로, 기름에 튀겨 먹는다.

■ 팔진 八珍

중국에서는 광대한 국토의 자연적 조건에 따라 여러 가지 특산물이 생산되고 있는데 이처럼 다양한 재료가 훌륭한 요리의 밑받침이 되고 있으며 그 중 가장 희귀한 8가지 재료를 말한다.

- 용간 龍肝 : 용의 간
- 봉수 鳳髓 : 봉황새의 골
- 호태 虎胎 : 호랑이 태
- 이미 鯉尾 : 잉어꼬리
- 악구 鶚炙 : 솔개구이
- 성순 猩脣 : 성성이의 입술
- 웅장 熊掌 : 곰 발바닥
- 녹미 鹿尾 : 사슴꼬리

제3절 중국요리 서비스 방법

1. 주문받는 방법

- 중국요리는 1인분의 주문 방법이 아니고, 접시의 양에 따라 보통 대 · 중 · 소로 나누어 분류한다.

  대 : 7～8인분

  중 : 4～5인분

  소 : 2～3인분

  이것은 손님 수에 알맞은 분량을 적당하게 준비하여 요리가 남지 않게 하기 위한 것이다.
- 조리법이 같은 요리는 되도록 중복되지 않도록 한다.
- 술을 즐기는 고객에게는 튀김요리, 구운요리, 절임요리 등을 추천한다.
- 요리 주문을 받는 시간이 지체되는 경우, 우선 전체의 주문만을 받아 주방에 주문서를 제시하고 다음 요리의 주문을 받도록 하며, 손님에게 충분한 시간을 주도록 한다.
- 손님이 주문을 망설일 경우 특별요리 또는 손님의 기호를 여쭤본 후 그에 알맞은 요리를 추천한다.
- 시간 여유가 없는 손님에게는 조리시간이 짧은 볶음요리를 추천한다.
- 탕류, 찜류 등 시간이 오래 걸리는 요리는 사전에 손님에게 알려드리고, 조리시간이 오래 걸리는 요리를 한꺼번에 많이 주문받지 않도록 한다.
- 요리의 양이 인원수에 비하여 너무 많지 않도록 주의한다.

  외국인의 경우는 양식과 같이 생각하고 있는 경우가 있으므로, 많은 양의 요리를 주문할 때에는 손님에게 의향을 물어 "손님 수에 비하여 요리의 양이 많은 것 같습니다. 괜찮으시겠습니까?"하고 확인시켜 주문받도록 한다.

- 술 다음의 식사를 주문받을 때에는 기름진 것을 피하고 산뜻한 죽 종류나 면 종류 등을 권한다.

2. 중국요리 서비스 요령

- 냉채를 서비스할 때에는 초대된 손님에게 먼저 서브한 후, 초청한 사람은 마지막에 서브한다.
  음식이 남았을 경우는 Lazy Suzan 중앙에 올려놓는다. (상황에 따라 서비스 해드리거나 테이블에 올려놓아 분위기에 맞게 서비스한다.)
- 새로운 요리를 서비스할 때에는 역시 새로운 접시를 먼저 사용했던 접시와 교체한다.
- 수프 요리는 손님에게 여쭈어본 뒤 수프 터린Soup tureen을 사용해서 레이들ladle로 수프 볼soup bowl에 덜어준다. 이때 손님의 옷에 흘리지 않도록 각별히 조심해야 한다.
- 요리는 고객 테이블에서 서비스해야 하나 테이블이 복잡한 경우 보조 테이블에서 접시에 덜어 서비스한다.
- 생선요리는 머리 부분이 왼쪽, 배 부분이 손님을 향하도록 해서 서비스한다.
  (회전판이 있을 때에는 올려놓아 한 바퀴 돌려 손님에게 보여드린 다음 서비스한다.)
- 맑은 수프는 손님의 특별한 지시가 없으면 요리의 마지막 코스나 끝날 무렵 식사와 함께 서비스한다.
  (외국인인 경우에는 Soup Service를 먼저 할지 여쭈어본다.)
- Tea pot의 차가 식었을 때에는 항상 뜨거운 것으로 바꿔준다.
- 요리를 서비스할 때에는 필요 이외의 말은 하지 않는다. 서비스 도중에 손님이 질문을 하거나 부탁을 할 경우 손에 들고 있던 요리는 보조 테이블에 놓거나 "잠

깐 기다려 주십시오."라고 한 뒤 요리를 서비스하고 신속히 돌아와 손님에게 답변하도록 하며, 요리에 침이 튀지 않도록 각별히 주의한다.

- 식사가 끝나면 담배를 피우는 손님이 많이 있으므로 재떨이를 새로운 것으로 바꾸도록 한다. (담배꽁초는 2개 이상 되지 않도록 한다.)

3. 테이블 배석과 위치

예로부터 중국은 예의의 나라라고 할 정도로 식사에 대해서도 엄격한 격식이 있어서 배석을 정할 때 명단의 지위 순서에 의하며, 또한 개인별로 초대를 하였을 때에는 초청자 측에서 미리 각 개인의 명단을 식탁에 배치한다.

식탁의 상석은 남쪽을 향하여 정해져 있다.

옛날에는 8인용, 4인용의 정방4각형 탁자를 사용하였지만 근래 와서는 원탁을 많이 사용하고 있다. 주인과 주빈의 좌석은 서로 마주보도록 한다.

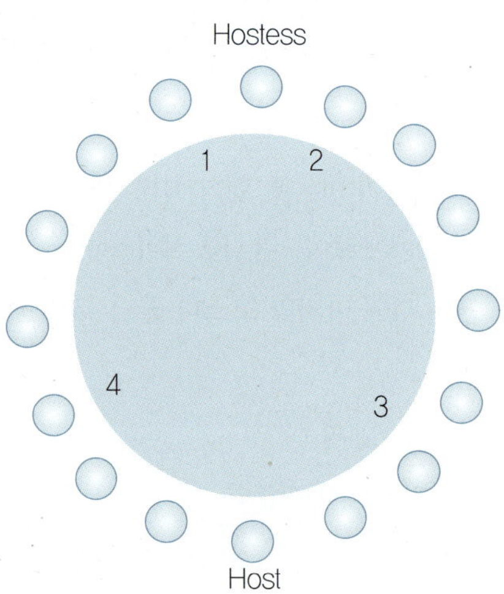

(부부 동반인 경우)

(주빈이 있는 경우)

4. 중식 연회 서비스

- 연회에 참석하는 고객들을 위하여 좌석 배치도Seating Arrangement를 준비하여 고객이 편리하게 볼 수 있도록 한다.
- 먼저 오는 고객을 위하여 별실에 간단한 칵테일과 곁들일 오르되브로Hors d′oeuvre를 제공한다
- 칵테일을 마시는 동안 차림표에 곁들여야 할 중국 주류나 와인을 주문받도록 한다.
- 차림표에 의한 요리가 식탁에 나오면 초대된 주빈부터 서비스한다.

(고대 중국에서는 주인부터 시식한 후 손님에게 드렸다 하는 설이 있는데, 이것은 고대 황실에서 독살 사건의 대부분이 음식물을 이용해서 발생했기 때문이었으며, 먼저 주인이 음식 맛을 보고 난 후 손님에게 마음의 안정을 시켜서 식사를 하도록 하는 관습에서 이러한 식사 예법이 전해졌다고 한다.)

- 요리 서비스는 식당 서비스와 같고 요리의 서비스 시간을 잘 조절하여 연회의 흥을 돋구어야 한다.
- 후식으로는 과일이나 중국 리쯔를 서비스하고 뜨거운 중국차를 바꿔준 후, 마지막으로 따뜻한 물수건을 제공한다.

5. 북경식 오리 요리 서비스 요령

① 보조 테이블에 Shredded Green Onion & Cucumber, Soy Bean Sauce, Pancake, Bone Dish, Carving Knife, Chopstick, 흰 장갑을 준비한다.

② 준비된 Peking Duck을 고객에게 보여드린다.

③ 흰 장갑을 착용한 후 Carving Knife로 Peking Duck의 껍질을 3×10cm 정도로 벗겨낸다.

④ Bone dish에 pancake을 한 장 펼쳐 놓는다.

⑤ Pancake 위에 준비된 Peking Duck 껍질을 2~3조각 겹치지 않도록 올려놓는다.

⑥ Peking Duck 껍질 위에 soy bean sauce를 적당량 바른다.

⑦ Soy bean sauce를 바른 Peking Duck 껍질 위에 준비된 파와 오이를 적당량 (파 : 3~4 pieces, 오이 : 6~8 pieces) 올려놓는다.

⑧ Chopstick을 사용하여 pancake를 둥글게 만다.

⑨ Peking Duck 제공 전에는 반드시 물수건을 제공한다.

⑩ 껍질을 벗겨낸 Peking Duck을 고객의 요청에 의하여 고기를 요리로 만들거나 수프로 추가 제공할 수 있다.

제4절 중식 서비스 Key Point

1. 고객 입장

고객이 식당 입구에 들어서면 정중하고 친절하게 맞이한다. 첫인상이 제일 중요하므로 '반갑게 맞이하는구나' 라는 느낌이 들도록 정성껏 인사한다.

Key Point

♥ 고객이 들어오시는 것을 알아차리지 못하는 일이 있어서는 절대 안 된다.

- 대부분의 중식당은 예약제나 회원제로 이루어지는 경우가 많아서 고객층의 연령층이 다소 높은 편이므로, 고객을 보다 더 정중하게 맞이한다.
- 중국에서의 식사는 단순히 음식을 먹는 차원이 아니라, 일종의 사교의 장이므로 식사는 매우 중요한 행사임을 잊지 말아야 한다.

2. 인사

"어서 오십시오"라는 인사말과 함께 밝고 정중한 인사를 한다. 대부분의 고객은 처음 인사를 받는 순간 자신이 오늘 받을 서비스의 수준을 직감한다고 한다. 그러므로 처음으로 고객을 응대하는 인사는 보다 더 정중하고 친절하게 응대해야 한다.

Key Point

- 걸어가면서 인사를 한다든지, 고객과 eye-contact을 하지 않은 채 인사를 한다든지, 머리를 너무 깊이 숙여 인사를 한다든지, 땅바닥만 쳐다보는 인사를 하지 않도록 주의한다.

3. 자리 안내

자리 안내는 고객이 오신 '순서대로' 그리고 '빠르고 정확하게' 한다.

예약을 하지 않고 방문하신 고객의 경우 빈자리가 났는데도, 고객을 오래 기다리게 한다든지, 원하시는 자리에 안내하지 않는다든지 하는 서비스를 해서는 안 된다.

Key Point

- 가능한 한 고객이 원하시는 자리로 안내한다.
- 좌석을 효율적으로 이용하기 위해 항상 빈자리나 빈 room에 관한 정보를 정확하게 숙지하고 있어야 한다.
- 고객을 안내할 경우, 고객의 걸음과 보조를 같이하여 너무 빠르거나 너무 느리지 않게 고객을 안내해 드린다.
- 고객 안내 시에는 밝고 경쾌한 태도로 안내해 드린다.
- 중식당의 대부분은 원형탁자이므로 안쪽이 상석이고 입구 쪽이 말석이다. 이 점을 잘 감안하여 자리 안내를 한다.
- 중식당은 일반적으로 시끄러운 편이므로, 다른 사람들의 소리에 신경이 쓰이지 않도록 자리 배치를 하는 것이 좋다.

4. 착석 서비스

고객이 자리를 잡으시면 의자를 끌어당겨서 앉는 것을 도와드린다.
의자를 끌어당겨 드리지 못할 경우 손으로 위치나 자리를 안내해 드린다.
거동이 불편한 어르신이나, 어린이나 유아를 동반한 고객일 경우, Baby chair나 휠체어 등을 원하시는 자리에 준비해 드린다.

Key Point

- 중식당의 경우 원형 테이블이 대부분이므로 상석의 위치를 정확히 안내해 드린다.
- 자리에 앉으시면 냅킨서비스와 오차서비스를 바로 해드린다.

♥ 일행보다 먼저 오신 고객이 있을 경우 오차서비스를 해드린다.

5. 오차 서비스

중국요리에는 기름이 많이 사용되기 때문에 이를 소화시키기 위해서 차를 많이 마신다. 양식요리에서 커피의 역할과 같다고 할 수 있다.
오차의 경우 영업장에 준비된 중국차나 준비된 영업장만의 차를 서비스 해드린다. 고객이 자리에 모두 앉으시면 준비된 오차를 제일 먼저 서비스 해드린다.

Key Point

♥ 차의 온도는 80℃ 이상의 물을 사용한다.
♥ Tea pot의 뚜껑이 열리지 않도록 항상 뚜껑을 잡고 서비스한다.
♥ 차의 종류를 고객에게 안내해 드리는 것도 좋다.
♥ 중식당에서는 식사가 시작되는 순간부터 끝나는 전 시간 동안 오차서비스가 끊이지 않게 서비스한다.

6. 메뉴 서비스

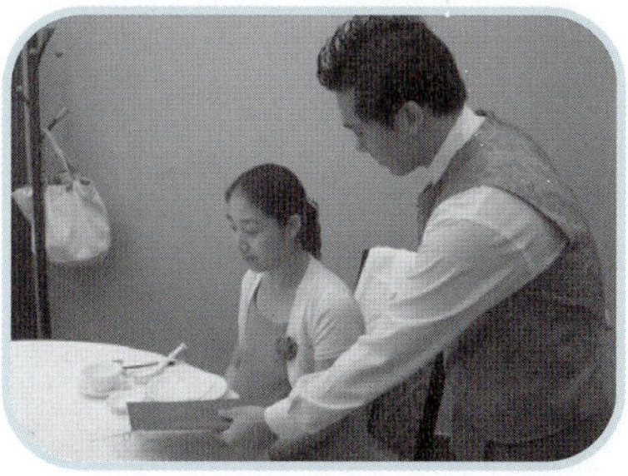

중식요리의 경우 1인분씩의 주문이 아니고 접시의 양에 따라 대·중·소로 나누어져 있기 때문에 고객수에 알맞은 요리의 분량을 주문받는다. 같은 조리법이 중복되지 않도

록 주문받는다.

대부분 너무 많은 양의 요리를 한꺼번에 시켜 남기고 가는 경우가 많은데 이런 일이 발생하지 않도록 주문받는 사람이 메뉴에 대한 설명을 자세하게 안내해 드린다.

Key Point

- 술을 즐기는 고객에게 튀김요리, 구이요리, 절임요리 등을 추천해 드린다.
- 요리 시간이 오래 걸리는 요리는 사전에 말씀드리고, 요리시간이 짧은 요리를 먼저 내드려도 되는지 확인한다.
- 바쁜 고객을 위해서는 조리시간이 짧은 볶음요리를 추천해 드린다.
- 메뉴 주문 시 중국에서는 모든 사람이 다 주문을 할 때까지 기다려야 하므로, 메뉴 고르는 시간을 충분히 드린다.

7. 기본 찬 서비스

주문을 받은 후 요리가 제공되기 전 기본 찬 서비스를 해드린다.

소스볼이나 소스도 같이 준비한다. 한꺼번에 너무 많은 양을 제공해서는 안 된다.

Key Point

- 한꺼번에 너무 많은 양의 기본 찬을 드리지 않도록 한다.
- 중국에서의 기본 소스로는 간장 · 식초 · 고추기름 세 가지가 있는데, 소스는 개인 접시에 덜지 않고 별도의 소스용 종지를 사용해 조금씩 찍어 드시도록 해드린다.
- 중국에서는 일단 먹기 시작한 요리는 도중에 식초나 간장을 쳐서는 안 되므로, 중국인 고객을 모시고 온 고객에게는 미리 안내해 드린다.

8. 일품요리 서비스

일품요리의 서비스 시 "고객께서 주문하신 ooo요리입니다." 라고 요리에 대하여 안내한 후 서비스한다.
고객이 오른쪽에서 고객이 드시기 편안하게 서비스 해드린다.

Key Point

- 일품요리의 경우 상석부터 노약자, 여성, 어린이 등 상황에 맞게 서비스한다.(보통 서양의 경우 여성을 제1순위로 여기나, 우리나라의 경우 모임이나 연장자에 따라 유동적으로 서비스한다.)
- 요리 접시에서 개인 접시로 요리를 덜기가 힘들 때는 직접 요리를 담아 도와드린다.
- 새로운 접시가 나오면 반드시 새로운 접시로 교체해 드린다.

9. 요리 서비스

새로운 요리를 서비스할 때에는 새로운 접시를 먼저 사용했던 접시와 교체한다.
요리를 고객 테이블에서 서비스해야 하나, 테이블이 복잡할 경우 보조 테이블에서 접시에 덜어 서비스한다.
냉채를 서비스할 때에는 주빈에게 먼저 서비스 한 후, 초청한 사람 순으로 한다.
회전식 쟁반이 있을 경우에는 남은 음식을 회전식 쟁반위에 올려놓는다.

수프요리는 고객에게 여쭈어본 뒤 수프 터린soup tureen을 사용해서 국자로 수프 볼Soup bowl에 덜어드린다. 이때 고객의 옷에 흘리지 않도록 각별히 조심한다.

Key Point

- 요리를 서비스할 때에는 필요 이외의 말을 하지 않는다.
- 요리 서비스 중 고객이 질문을 할 경우 보조 테이블에 요리를 잠시 두고 답변을 드린 후 다시 서비스한다.
- 생선요리는 머리 부분이 왼쪽, 배 부분이 고객을 향하도록 해서 서비스한다.
- 회전판이 있을 경우에는 회전판에 올려놓고 한 바퀴 돌려서 고객에게 보여드린 후 서비스한다.

10. 배웅 서비스

식사와 계산이 모두 끝나고, 고객이 일어나시면 대기하고 있다가 배웅한다. 배웅 시에는 잊으신 물건이나 맡기신 물건이 없는지 확인해 드린다.

고객이 돌아갈 준비를 하실 때는 재촉하는 듯한 행동이나, 불편하게 하는 언행은 삼가하고 준비를 마치실 때까지 기다린다.

돌아가실 때는 "고맙습니다. 다시 찾아주십시오." 라고 정중하게 인사한다.

Key Point

- 고객이 나가실 준비가 다 된 것을 확인하고 나서 인사를 한다.
- 고객을 재촉하지 않도록 조심한다.
- 고객이 나가실 때에는 종사자 전체가 신경을 쓴다.

제12장

연회서비스 Key Point

제1절 연회서비스 실무

1. 연회서비스 개요

연회banquet란 호텔 또는 식음료를 판매하기 위한 제반시설이 완비된 구별된 장소에서 2인 이상의 단체 고객에게 식음료와 기타 부수적인 사항을 서비스하여 행사 본연의 목적을 달성할 수 있도록 해주고 그에 따른 응분의 대가를 수수하는 행위를 말한다.

2인 이상의 단체 고객이란 동일한 목적을 위하여 참석한 일행을 지칭하며, 구별된 장소란 별도의 준비된 장소를 말하며, 부수적인 사항이란 고객이 식사 이외의 목적을 달성하기 위한 행위 및 시설 등의 요구사항을 말한다.

연회서비스란 연회가 이루어질 수 있는 호텔연회장이나 식당 또는 기타 장소에서 각종 연회를 상황에 맞게 운영하기 위해 제공되는 모든 서비스를 말한다. 연회서비스는 식당서비스와 달리 제공될 메뉴, 인원수, 가격 등이 미리 정해지고 거의 확정된 행사에 의해 식음료뿐만 아니라, 필요한 장비 비품 준비와 같은 기타 연출과 함께 이루어진다. 따라서 계획을 가지고 지배인의 지휘 아래 수준 높은 서비스를 원활하게 제공할 수 있어야 한다. 철저한 준비와 관련 부서와의 협조가 잘 이루어져 조화를 이룬다면 성공적인 연회행사를 운영할 수 있다.

최근 들어 경제의 발전과 더불어 소득수준이 향상되고, 독특한 개성으로 사회활동이 활발해지면서 호텔의 연회행사는 다양화 · 대형화 · 조직화되고 있으므로 호텔은 그에 따른 대 · 중 · 소형 연회장을 마련하고 연회를 전담하는 부서를 조직화하여 연회의 유치와 성공적인 행사진행을 위해 많은 노력을 기울이고 있다.

2. 연회의 특성

- 호텔연회는 일반 식당과는 달리 예약에 의해서만 판매가 가능하며, 영업시간이 정해져 있지 않다.
- 예약에 의하여 고객이 원하는 파티의 성격별로 사전에 준비가 되므로 인력자원의 탄력적 운영과 서비스 능률성을 기대할 수 있다.
- 동일한 메뉴에 동일한 서비스가 제공된다.
- 신축성이 크고 연회행사의 규모, 형식과 내용에 따라 조정이 가능하다.
- 일시에 대량의 식음료를 생산 · 소비하여 생산성의 극대화 및 원가 절감을 꾀할 수 있다.
- 임대(대여)영업이 가능하다.
- 예약 및 판촉요원이 별도로 운영된다.

3. 연회의 분류

1) 기능별 분류

(1) 식음료 판매의 목적

정찬파티, 출장연회파티, 칵테일 리셉션, 뷔페, 티파티 등 식음료 판매를 목적으로 한다.

(2) 연회장 판매의 목적

각종 회의, 세미나seminar, 컨퍼런스conference, 심포지엄symposium, 전시회

exhibition, 패션쇼, 콘서트, 강연, 간담회 등과 같이 연회장소의 판매를 목적으로 한다.

2) 장소별 분류

(1) 호텔연회

호텔 내에 있는 일정 연회장소를 판매하는 것.

(2) 출장연회

고객의 요청에 따라 호텔 연회부 직원 및 식음료 직원이 외부로 출장 나가서 치루는 연회 행사를 말한다.

3) 목적에 따른 분류

- 가족모임 : 결혼식 및 피로연, 생일잔치, 돌잔치, 약혼식, 회갑연
- 회사행사 : 창립기념, 개관기념, 상품설명회
- 학교행사 : 각종 세미나, 입학, 졸업행사, 사은회, 동창회
- 정부행사 : 국민행사, 기념연
- 각종 협회행사 : 국제회의, 정기총회, 학술 및 전문세미나, 스포츠행사
- 이벤트행사 : 디너쇼, 콘서트, 패션쇼
- 기타 행사 : 송년회, 망년회, 간담회

4. 연회예약 업무

1) 연회예약 접수

연회의 예약은 전화 · 인터넷 · 판촉사원 · 직원소개 및 고객의 직접 내방 등을 통해서 받게 된다. 연회예약은 요금이 정해진 상품을 판매하는 것이 아니라 연회라는 상품을 창조하여 판매하는 것으로서 아래 사항을 정확히 확인해야 한다.

- 일시
- 행사명
- 주최자와 초청 손님
- 참석인원
- 1인당 예산
- 연회장소
- 장식(꽃, 얼음조각, 기타)
- 메뉴 결정
- 식탁 및 좌석 배치
- 최저 지불보증 인원확정
- 지불방법
- 예약금 지불여부, 기타 고객요구사항

2) 연회예약 진행과정

① 예약접수 : 편지, 전화, 판촉, 직접 방문, 직원소개

② Control Chart 확인 : 사용 가능한 연회장 유무 확인

③ 예약 전표 작성

④ Control Chart Booking : 연회예약 대장

⑤ 견적서 및 메뉴 작성

⑥ Event Order 작성 : 연회행사 통보서

⑦ Event Order 결재 : 식음료부 결재

⑧ Event Order 배표 : 각 관련 부서

⑨ 외부업무 발주 : 현수막, 차량, 무대장치, 메뉴, 인쇄, 사진 및 VTR, 상차림

제2절 연회서비스 Key Point

1. 고객 입장

연회가 시작되기 20분 전 종사원은 각자 맡은 구역에서 대기 자세를 취하며, 지배인과 캡틴은 연회장 입구에서 고객 영접을 기다린다. 고객을 맞이할 때 웨이터, 웨이트리스는 순서를 지켜 연회장 안으로 안내하며, 좌석이 정해져 있으면 좌석명을 물어서 좌석을 안내한다.

연회장에 입장하는 고객에게 착석 보조 등 모든 제반적인 서비스를 할 수 있는 마음의 자세를 취한다.

2. 연회 중 서비스

■ 지각 손님의 안내

연회에 늦게 참석한 손님에게는 성명을 확인하고 조용히 좌석으로 안내한다.

요리는 연회의 상황에 따라 다르나 많은 사람이 참석한 경우에는 진행 중의 코스부터 시작한다.

■ 도중에 퇴장하는 고객 서비스

사정이 있어서 일찍 퇴장하는 손님이 있을 경우, 미리 부탁받은 시간이 되면 담당자는 그 손님 곁으로 가서 낮은 목소리로 손님에게 시간을 알려준다. 기념품, 경품 등이 있는 경우에는 일찍 퇴장하는 손님에게 잊지 않고 전해준다.

■ 스피치를 위한 서비스

스피치를 하는 손님에 대하여서는 협의 단계에서 미리 파악해 두었다가 스피치 손님의 객석과 순서를 메모해 둔다. 앞 손님의 스피치 도중에 다른 마이크를 다음 스피치 손님의 좌석에 준비해 드리는 것도 잊지 않는다.

■ 전화 페이징paging 서비스

외부에서 전화가 걸려왔을 경우에는 객석을 살펴보고 손님에게 전화가 걸려와 있음을 알린다. 뷔페 등의 경우에는 페이징보드paging board에 손님의 성명을 적어서 회장을 돈다.

■ 실내 환경의 조정

공기조절, 음향, 조명 등에 대하여서는 항상 주의를 기울이고 파티의 분위기를 깨지 않게 조심한다.

■ 시간의 조정

연회의 진행사항에 항상 신경을 쓰고, 시간이 크게 초과되지 않게 배려한다.

■ 사회자의 보조

연회를 성공적으로 마치기 위하여 주최자측 또는 사회자를 보좌한다.

Key Point

- 연회장은 일반 식당에 비하여 서비스 형태가 일정하지 않으므로 서비스 시 주의를 요하는 사항이 많다.
- 행사준비는 충분한 시간을 두고 완료하고, 테이블 점검을 철저히 한다.
- 테이블 배열을 비롯한 행사는 고객의 선호도에 맞춰서 진행한다.
- 행사 중에 필요한 비품은 사전에 충분히 준비한다.
- 식사를 비롯한 모든 서브는 주빈부터 시작한다.
- 서브는 테이블 단위로 하여 실시한다. 한 테이블에 일부만 먼저 서브하고 일부는 나중에 서브하는 실례를 범하지 말아야 한다.
- 서비스의 통일과 원활한 흐름을 위하여 해당 연회장의 서비스 책임자의 단일 명령과 지휘

를 받아야 한다.

♥ 행사 중에 서비스를 해야 할 때는 고객들의 시선을 가로막아서는 안 된다.

3. 고객 전송

연회가 끝나면 웨이터, 웨이트리스는 손님을 전송하고 좌석 등에 잊은 물건이 없는지 체크한다.

- 연회장 출구에 정렬하여 고객 환송
- 주최자 측으로부터 요리 및 서비스에 대한 의견 청취
- 파티에 반입된 각종 물품 유·무 확인
- 고객의 분실물 점검
- 청구서 확인 및 정산

4. 최종 작업

고객이 모두 연회 행사장을 떠난 후 고객의 분실물 여부를 확인하고, 입구에 설치한 접수 테이블, 카펫carpet, 아이스카빙 등을 철거한다. 각종 집기류 및 장비 등의 관리상태를 점검하고, 다음 행사를 위하여 스케줄 및 쓰레기 처리, 청소 등을 최종 점검한다.

R.E.F.E.R.E.N.C.E

참고문헌

강인호. 식음료 경영과 실무. 기문사, 2002

김춘호 외. 호텔 레스토랑 식음료서비스관리론. 새로미, 2007

권금택. 외식마케팅. 대명, 2006

남택영. 호텔식음료실무론. 새로미, 2007

미래서비스아카데미. 서비스 매너. 새로미, 2006

박인규. 호텔식음료 실무경영론. 기문사, 2000

신재영. 호텔 레스토랑 식음료 서비스 관리론. 새로미, 2001

이정학. 호텔식음료실습. 기문사, 2004

채용식 외. 매너학. 학문사, 2001

한국외식산업연구소. 외식서비스실무. 백산, 2005

Hotel Lotte, Food & Beverage Manual

〈이미지사이트〉

www.flickr.com/photos

www. 125west.com

http://blog.naver.com/heidi98de

http://blog.naver.com/beth04

http://blog.naver.com/chibiconnery

http://blog.naver.com/austique

http://blog.naver.com/padma65

http://bolg.naver.com/no7364no

http://bolg.naver.com/bitbox21

〈서비스 사진 촬영 협조〉

일식당 – 북해도

일식당 – 금수사

시냇가에 심은 나무 – 라페스타점

중식당 – 푸하오

가나안 덕 – 일산풍동점

한식당 – 가온

I.N.D.E.X
찾아보기

저자 소개

하진영

경기대학교 일반대학원 이벤트·국제회의 박사
現 연성대학교 관광과 관광중국어 전공 교수
국민연금 관리공단, (주)ANAS, (주)BTMS,
(주)Can-More, YTN, 수원농협, DMC, 대우증권, 동양증권
양산시, 양주시, 안성시, 철원시 지자체 활성화 프로젝트 교육,
한국산업인력공단, 한국음식업중앙회 등 다수 기업 강의
청운대학교, 수원여자대학, 혜전대학 등 다수 대학 출강

오선영

경희대학교 호텔관광경영학과 박사 수료
現 부산경상대학교 겸임교수
동서대학교, 영산대학교, 영진전문대 외 다수 대학 출강
서울시청 월드컵 홍보추진반 통역서비스 및 자원봉사자 교육
시드니 올림픽 KOREAN CULTURE EXPO 근무
한국간호조무사협회, 침례병원 등 다수 기업 강의

외식서비스실무

2008년 3월 15일 초판 발행
2019년 9월 5일 2쇄 발행

지은이 | 하진영 · 오선영
발행인 | 유제구
발행처 | 파워북
주 소 | 경기도 고양시 일산동구 호수로 358-25
동문타워 2차 529호
전 화 | (02) 730-1412
팩 스 | (031) 908-1410
등 록 | 1997. 1. 31. 제2014-000067호

정 가 20,000원
ISBN 978-89-8160-089-1 (93590)